Reihe ETIKETT

Kommanditgesellschaft in Frankfurt am Main, 1998
Oskar von Miller Straße 18
D – 60314 Frankfurt am Main

Gestaltung: Urs van der Leyn
Lithos: msp Minuskel Screen Partners, Frankfurt am Main
Gesamtherstellung: Druckerei C. Adelmann, Frankfurt am Main
Printed in Germany

Reihe ETIKETT
ISBN 3 929232 67 7

Persephone in der Plutokratie

Ilse Braatz

Autorin und Verlag
bedanken sich sehr herzlich
für die freundliche Unterstützung
der Herstellung dieses Buches
bei dem Sponsor des Titels.

Dieser Roman wurde größtenteils 1992
in dem von Rolfrafael Schröer geleiteten
Künstlerdorf Schöppingen (Westfalen)
geschrieben mit einem Autorenstipendium
des Hessischen Ministeriums
für Wissenschaft und Kunst. – Danke.

Suchbilder

Roman von Persephone in der Plutokratie

von

Ilse Braatz

axel dielmann — verlag

Kommanditgesellschaft in Frankfurt am Main

Selbst die müden Arbeiter, denen ich auf der Straße begegne, betrachte ich in Wirklichkeit als wandelnde Götter, doch vorläufig, und das wird noch lange so sein, haben wir keine gemeinsame Sprache.

Henry David Thoreau

Tagebuch 15.8.1845

Vielleicht ist sonst niemand da, der uns als göttlich erkennt und in dem wir das Göttliche erkennen. Jeder Mensch, Mann und Frau, ist ein wahrhaftiger, für die Masse der Mitmenschen jedoch maskierter Gott. In jedem Fall gibt es möglicherweise nur einen einzigen Menschen, der die Maskerade durchschaut. Wer niemandem so nahesteht, daß er die Göttlichkeit des anderen zu erkennen vermag, ist wahrlich einsam.

Henry David Thoreau

Tagebuch 8.2.1857

1. Kapitel

Gras. – Spiegelläden Mülltonnen

I

War es gestern, war es vor Jahren oder zerfiel die Zeit in endloses Flimmern, seit ich das Gras nicht mehr sah. Das Gras war das Gras und ging bis ans Ende, ging und ging in sachter Bewegung, wurde nicht müde. Darum seh ich es noch, wenn ich in Ruhe bin und die Augen zumache. In dem Reich hier ist es unruhig, und die Augen sollte man geöffnet halten, um die Verkehrslücken auf Asphalt über Kreuzungen zwischen stoßendem Metall und durch Gänge mit Spiegelauslagen vorbei an den Kassen zu finden in die Teppichsäle, wo es weicher und wärmer ist von Körpern, wenngleich auch bei den Körpern ein Anecken gefährlich werden kann und ich die Augen besonders offen halten muß, um den Weg zu finden, da sich eigentlich nur die Tänzer und Artisten überzeugend und gesichert hindurch lavieren, selbst wenn sie entgleisen, da sie das Schweben verstehen. Aber ich komme von dort, wo ich die Füße quer ins Gras treten kann in jede Richtung mit sachter Bewegung ans Ende, und nicht balancieren muß auf spitzen Zehen. Das Gras war das Gras bis ans Ende. Vergeß ich nicht. Wer lernt, wenn er nicht lernen will. Ich stolpere die Verkehrslücken, Passagen und Foyers entlang und seh nicht Land, mein Grasland.
"Persephone? Was sitzt du da so rum?" Ja, daß ich rumsitze, bemerken sie zuerst von mir in diesem Reich. Ich wünsche mir Verstecke. Wenn sie nur nicht meine Angst merken.

Das Gras war das Gras. Und nach dem Gras kam das Gras. Dazwischen war der Fluß. Es war ein weicher zärtlicher Fluß, es zog mich immer zu ihm hin. Die Wellen kamen und gingen und bildeten sich neu. Man brauchte nur auf eine Stelle zu sehen, dann sah man das unendliche Fließen des Wechsels. Die eine Stelle war die andere Stelle, und es ging immer weiter in Windungen, wo in den Buchten die Weidenzweige ins Wasser hingen und mitschleiften in der Strömung, und Vögel trieben dahin. Das Gras aber stand abseits und hielt stand. Im Gras wuchsen auch Blumen aller Farben. Sie waren ganz fest im Boden. Sie liefen nie fort. Aber der Fluß floß weg und war doch immer neu da.

Demeter wußte, daß es mich zum Fluß zog. Darum ließ sie an unseren Häusern Springbrunnen quellen. Ein gewisser Druck im Kopf brachte sie wohl darauf, aus dem Druck einer natürlichen Wasserquelle die Mechanik für Springbrunnen zu erfinden. Wenn man etwas braucht und niemand ist da, um zu helfen oder zu stören, kann man herrlich fabrizieren. Demeter schien in dem Fluß eine Gefahr zu ahnen. Sie sagte es nicht. Aber sie fabrizierte Springbrunnen. Auf einmal waren sie da. Hervorgegangen aus Schweigen und Spannung über Konstruktionen und Handgriffen an Metallischem. Auch die Häuser waren auf einmal da, und wir darin. Verflogen, was ein Gerüst gewesen sein mag, weggesunken die Eimer und Spachtel, wenn das Haus dastand ganz neu. Wir hatten es nicht gekauft, wir brauchten keinen Baumeister. Es war leicht, Häuser und Springbrunnen und Mahlzeiten zu fabrizieren in aller Ruhe im Reich der Demeter. Sie konnte alles erfinden und ausführen, ohne daß man Umstände sah. Das war angenehm und gefiel mir. Aber wir waren immer allein. Niemand ärgerte uns. Es gab auch niemanden für Unterhaltung. Da zog es mich zum Fluß, wo sich soviel bewegte. Vielleicht wartete ich, es würde etwas Andersartiges herangetrieben werden, herangefahren kommen: Dann ging ich zurück durchs Gras, und das Gras war das Gras, und

nach dem Gras kam das Gras. Irgendwo würde ich ein neues Haus finden, mit einem neuen Springbrunnen, und meine Mutter Demeter.
"Was suchst du am Fluß, Persephone, da wird nie etwas kommen."
Wäre ich dort geblieben! Im Gras, am Fluß, ohne auf etwas zu warten. Es war das Einfachste von der Welt, und alles entstand wie von selber, was man brauchte und für Glück.
Wenn ich dennoch immer wieder zum Fluß ging, sagte Demeter endlich:
"Es wird auf einer Wolke kommen, es kam immer auf einer Wolke", und sah prüfend in den klarblauen Himmel. Ich staunte, daß sie auch auf etwas zu warten schien, mitleidig dachte ich an die letzte Wolke, die schon einige Jahre her war, und lief zum Fluß. Dort entdeckte ich Narzissen, die auf dem Wasser schwammen. Das war seltsam. Die Blumen standen seit Kindheit im Gras fest. Nun gab es auf dem Wasser Narzissen. Das war das Andersartige.
Sie sahen mich an und waren für mich. Ich sah in sie hinein, sah immer tiefer, griff danach, tauchte ins Wasser zu ihnen. Ich wußte, auf dem Fluß lag die Warnung. Aber es lockte mich so sehr, diesen gelben Sternkelchen zu verfallen, die mich ansahen mit dem hellen Blitz in fremden Augen, die in eine schwarze Tiefe ziehen, gerade darum, weil sie schwarz und naß und bodenlos raffend ist. Ja, jajaja, immerfort. Und hinein, und umschlossen, und abwärts, und immer mehr gezogen, geschlürft, umnäßt von Gliedern, so zärtlich, umhalsend, umbeinend, und hineinzwingend in seine schwarze Unterwelt mit dem schwarzen Strahlen seiner Palastpassagen, aus denen es blitzt mit goldenen Fenstern in unruhigem Flimmern, und Pluto sieht mich an mit der vornehmen Ruhe derer, denen ein höllischer Bums nichts ausmacht: Na, war's gut?, und

schminkt sich nochmal die gelben Narzissen in den Blick: Du warst wunderbar... Mehr fällt ihm nicht ein, und dann schläft er auch schon.
Seitdem sucht Persephone das Versteck, und sie sucht es meist mitten auf dem Platz unter allen Marktschreiern des Reiches Pluto, wo die schwarzen Palastpassagen der Unterwelt sternförmig zueinander stoßen und man nicht ausweichen kann. Kein Fluß mit Narzisse, um weiter in die Tiefe zu sinken. Keine Wolke am Himmel, von wo etwas herabfahren könnte. Himmel? – ach, ich bitte dich, Himmel haben sie hier nicht.

II

Diesen Schutz aus sieben wunderhübschen duftigen Hüllen verloren zu haben, die aus ihr selber wuchsen und die Nacktheit furchtlos machten, da sie sich durch sieben Schleier geziert und verborgen glaubte: Der erste Schleier war das Wohlbefinden, nichts außer sich selber zu brauchen; im zweiten Schleier schwang die süße Erinnerung, einmal in einem warmen Grund gelegen zu haben, dem die Sonne nicht fehlte; der dritte Schleier flatterte in Freude an der Sonne und an den Blümelein und Springbrunnen; im vierten Schleier steckte die Dankbarkeit für die angenehmen Speisen und Getränke, die Demeter angerichtet hatte; der fünfte Schleier kannte das Glück der Bewegung, des Schreitens und Tanzens durch Gras und Gras und hinauf und hinab und zum Fluß und zurück, Ballett mit einer Solistin in Gebilden der Natur, nur mit der Müdigkeit als Ende des Raums; der sechste Schleier wuchs im Traum als Sehnsucht und Neugier für ganz anderes, aber nur Eingebildetes; als siebenter Schleier endlich neckte die Lust zu gefallen und mit einer Art von unerfindlichem

Begehren angeblickt und berührt und zu etwas hingezogen, herangezogen zu werden. Ja, das hatte sie nun erlebt beim Versinken und Abrutschen in den Narzissenkelch im Fluß. Oh Schreck, war das ein Ausrutscher gewesen! Höllentief bis ins finstere Gruselreich Plutos. Und die sieben wunderbaren Schleierhüllen verloren. Nun bist du nackt und verletzlich. Du weißt es jetzt: Am Anfang war die Gewalt. Niemals wirst du mit diesem Pluto einssein. Er hat dich an sich gerissen, du warst für ihn Moment lang gut, er hat die Schleier deiner sieben eigenen Freuden zerrisssen. Na dann, behüte dich im Reiche Plutos. Die sieben Schleierhüllen für das ganze Ich Persephones mit sich allein sind nun verloren. Aber setz ein Hütchen auf, ein Hütchen für den Kopf. Damit sie in deinem Köpfchen nicht sehen die goldenen Vögelchen, die goldene Nester bauen mit goldenen Eiern darin und die golden in deinem Köpfchen herumfliegen, denn Himmel haben sie hier nicht. Und so etwas Gold tut gut in der Plutokratie und ist auch sehr begehrt und beneidet. Darum hüte wohl dein Köpfchen mit einem Hütchen, wenn du schon sonst im Ganzen ziemlich nackt und wehrlos vor ihnen stehst.
So versteckte sich ja P. auch meist in den Ecken und saß rum, bis auf die seltenen Marktschreierausflüge auf den großen Platz, wo sie aber nur eine unter allen war und nicht auffiel. Eher wurde bemerkt, daß sie sich versteckte und verstellte. Hatte sie etwas zu verbergen?

III

Nämlich den Halm wollen sie nicht und nicht die einfache Fläche der Halme, gleitend und tragend und für das bewegliche Wesen Sog in den Horizont, nicht den Halm als solchen, nicht das vielfältige Gleichmaß der Halme. Wenn sie das Gras interessiert, muß es fett sein für Futter und eingezäunt, durchaus bis zum Horizont, aber für den, der es besitzt. Oder es muß freigegeben sein für Suchtsonnenbäder und Fitsonnensport und ach so sonnige Drangsal, aber dann bitteschön soll das Stück Gras auch einen voluminösen Wassercontainer bieten und ein Sortiment aus Nahrungsgenußmittelhits, und es soll freundlich gelegen sein, vor allem nahe einer günstigen Straße und mit Parkplatz. Das Gras soll aber auch gesund sein und alle Organe beleben, vor allem das Herz, das sich nach seiner natürlichen Urreinheit sehnt. So werden die fetten Halme von den fetten Viehbesitzern bis an den Horizont an ihre künstlich gemästeten, kapitalen Schlachtpfunde verfüttert, damit diese mit etwas Vitamin angereichert sind, und die edelgrünfarbenen Halme schmelzen schnittig die Herzen der Sportsfreunde, die sich recken in der urigen Erdnähe und dabei die Halme plattdrücken, die Recken. Nämlich den Halm als solchen wollen sie nicht, und nicht das vielfältige Gleichmaß der Halme, um als bewegliche Wesen getragen zu werden und zu gleiten in den Sog des Horizonts. Während Persephone in der Flucht der Tage trieb und fragte, wartete, suchte, wo sie das Ihre bekam. Es gab hier nichts zu kaufen für das Gras in ihrem Kopf, und sie brauchte und wollte auch immer noch mehr Gras, das Gras, ja, das sollte nun wachsen und überall sein, aber niemand träumte von einfachen Flächen mit gleichmäßigen Halmen und immer so und fortwährend gleiten bis zu einer Linie wo alles endet, so daß das Gras nie wachsen würde und auch Persephone das wenige Gras in ihrem eigenen Kopf gar nicht loswurde, und saß drin für sich im Reich Plutos, in der Plutokratie.

IV

Dort in jenem Reich, wo Persephones Heimat war, wuchs das Gras als Gras für das Gras, die Blumen für die Blumen, die Bäume waren nichts als Bäume. Und man mußte sie nicht beschneiden und keine wilden Triebe, kein Welken entfernen, kein Unkraut rupfen und das Gras nicht mähen. So war es gut. Man lief und tanzte und ruhte inmitten, alles für immer. Aber hier in der Plutokratie wuchs und trieb und jagte alles hin und her, vor und zurück, aufwärts, in die Breite, gegeneinander, gegen Persephone, daß sie nicht tanzen und ruhen konnte. Ständig meinte sie, dagegen angehen zu müssen, sich wehren, es einschränken, abweisen, einebnen; es auf den Punkt bringen. Das war schon Arbeit genug, aber nur als eine Notwehr. Da merkte sie, daß sie noch mehr tun müßte, etwas herrichten, aufbauen, ordnen: etwas leisten.

Nun galt sowieso das Gesetz in der Plutokratie, daß die Menschen, die dort ihr Schattendasein führten, etwas leisten und tun und verrichten sollten, um jenen seltsamen Stoff zu kriegen, für den sich alles einwechseln und anschaffen ließ und den sie immerfort nannten. Auch Persephone merkte, daß sie es brauchte. Denn Pluto der Erste, der Einzige, der König: der Mächtige war abgerauscht und driftete durch die zahllosen Puppenstuben der Plutokratie, sein Vermögen in der Westentasche und auf einer sicheren Bank, dessen Konto sich Persephone verweigerte. Also nach einer Arbeit suchen, wo man das wilde Treiben, die Unruhe, die Zudringlichkeit der Plutokratie dämmen, auf den Punkt bringen und etwas herrichten kann. Und auch dafür wieder bezahlt kriegen, jenen wechselbaren Stoff ausreichend erhalten für Wohnung und Nahrung und das schier Erforderliche in dieser Welt, das hier alles kostet, und von Zeit zu Zeit etwas mehr.

Etwas konstruieren, war Persephones Idee. Ihr gefielen einige schöne Gebäude in der City, die allerdings schon etwas älter zu sein schienen, mit Giebeln über Fenstern und Portalen und jenem besonderen Ausdruck für den Fremden, daß es darin gut zu wohnen sein müsse. Ihr entsprachen aber auch Rohbauten, wo Handwerker an Gerüsten kletterten, und das akkurate Geflecht der Gerüste vermittelte so etwas von Sorgfalt und Korrektheit und dehnte sich so endlos in Flächen von erwartungsvollen Eintönigkeiten sehr hoch, sehr breit, es war wie das Gras, das nichts war als das Gras und wuchs bis zum Horizont, und so dehnten sich die Gerüste empor ohne Ende über Flächen hoch und breit, die wollten erst werden, Konstruktionen, die nach geheimen Plänen wuchsen und ein Ziel hatten, und hinauf und hinunter einige Männlein, die wußten, was sie da sollten. Das wäre schön, einsam etwas so noch völlig Lebloses auszudenken, nur die Maße und Gewichte und Kosten im Kopf, noch fern von jedem Küchenduft. Aber mit dem Hintergedanken, daß dort darin und überall darin dann später einer oder zwei oder ein ganzer Haufen für die Düfte und Bewegungen und Blicke um sie herum es gut haben sollten. Persephone konnte hier jedoch nicht die Häuser zaubern wie Demeter ehemals in jenem anderen Reich. Sie stellte Erkundungen an, was sie lernen müsse und wie die Chancen seien, und es schien ein halber Lebensweg über sehr viel Leitern mit Rutschgefahr, wo sich andere gegenseitig die Bretter weggzogen, und vernagelt von Vorschriften, Verboten und Gaunergunst. "Konstruktion steckt in jeder Arbeit", wurde sie gleich ermuntert. "Eine Köchin konstruiert Mahlzeiten, eine Schneiderin konstruiert fortwährend auf Figuren, Soziopsychopädahostessen konstruieren zwischenmenschlich Wohlbefinden und Durchblick – allerdings erste Voraussetzung Altruismus, kommt für Sie vielleicht nicht in Frage, aber jede Schreibkraft, jede Kassiererin konstruiert per Computer saubere Briefe und Rechnungen zu ihrer Freude und hat auch mal was ganz anderes gelernt. Also konstruieren Sie sich ein Lernangebot, wo Sie konstruktiv für Mitarbeit erwünscht sind.“ Das war noch die kooperativste Dame bei der Berufsberatung des Arbeitsamtes, die übrigen wollten ihr gleich etwas aufhalsen, wo sie mit Kopf und Kragen stecken bleiben würde. Persephone rannte also freiwillig los und steckte in vieles die Finger, in manches nur die Nase. Es stank ziemlich. Nicht von Arbeit, die P. durchaus verschiedentlich sehr akkurat und korrekt über Flächen hoch und breit und auch in die Tiefe leistete, sehr konstruktiv. Aber es stank von dem Chaos des Hin und Her um sie herum und dazwischen und gegen sie von soviel häßlichen Ausdünstungen und Bewegungen und Krakeel, daß sie diese Gestalten, und worein sie sich verwickelten, nicht mehr ertragen konnte, weil sie ihr die Luft nahmen und ihr den Kopf nicht in Ruhe ließen, so daß sie dort nirgends etwas hätte auf den Punkt bringen können, nur Gewirr und Krieg. Woanders wird es besser sein, dachte sie anfangs, oder auch: es muß an mir liegen. Aber nirgends war es besser. Nur mit sich allein war sie völlig zufrieden. Hingegen die Tage, Tag für Tag mit diesen Stinktieren verbringen, wo sie nicht weglaufen durfte, das war Strafe von Gefängnis ohne einen Schuldspruch. Die Freiheit, die Freiheit, nichts als die Freiheit, aber es dann, frei und allein, auf den Punkt bringen – und von diesen Widerlingen dafür bezahlt werden.

Als sie soviel wirre Betriebsamkeiten, puffende Handelsrutschen, klatschende Schwärme von Süßsaugern durchkämpft hatte, zog sich Persephone in vier Wände zurück. Ich kann es draußen nicht finden, was ich brauche, um mit mir in dieser Welt zu leben. Ich sehe zuviel, ich sehe zu genau hin. Es erschlägt mir die Bilder, die ich mir von ihnen machen möchte im Kopf, denn sie laufen als ihre eigenen Zerrbilder herum. Zurückkehren in die Träume, in das innere Bild. Es sind nur Schwingungen, Andeutungen eines Blicks, der Moment des Vorübergleitens, die allererste Begegnung. Viele Momente von Zärtlichkeit in einem fliegenden Auge, das dann vor sich hinstarrt und in dem es gerinnt und sich setzt als ein dicker, nährender Stoff der Dunkelheit zuinnerst, wo das Auge den ruhenden Grund und Halt findet, nicht mehr suchen muß und die Bilder aus dem eigenen Traum holt. Denn an sich ist es ein düsteres Gesicht, zu dem alles gerinnt, aus den sich absetzenden Blitzen der Zärtlichkeit des Sichanblickens, und wider schaffend Landschaften von Gesicht, es kommt aus dem düster geronnenen Schlamm, der für sich und für niemand ist.

Durch die Treppenhausfoyers und Winkelstellagen und Immobiles der Räumabzeit getigert sein mit der umgekehrten Goldgräberbefriedigung: Dort und dort und da und da hab ich wieder einen Schatz vergraben, die goldenen Eier, die ich in meinem Kopf fand und die mir so kostbar das Innen verzierten, hab ich ganz heimlich und sicher, ungesehen, versteckt in den Nischen der Treppenhausfoyers und den Winkeln der Stellagen und tief unter den Immobiles, daß sie dort ruhen und mein Goldgrund sind allhier. Nun kann ich schweben darüber und mich tragen lassen und brauche nichts zu schaffen und transportieren und rackern, denn da und dort verborgen liegen meine goldenen Eier. Diese Sicherheit, diese Ruhe aufgrund meiner Schätze, die ich mir aus dem Kopf geholt und überall so versteckt habe, daß ich gelassen durch die Gänge der Plutokratie treiben kann, denn ich weiß, überall werde ich meine goldenen Eier wiederfinden.

Ich werde sie nicht umtauschen können gegen Geld, das sie hier brauchen und immerfort nennen. Ich werde mir für meine goldenen Eier nichts kaufen können, es ist nicht ihre Währung und hat keinen Kurswert. Aber sollte ich lieber ein Paket Scheine und einen Sack geprägter Münzen besitzen wollen, um mir den Kram zu sichern, den sie hier stapeln und parken und preisen? Mein Glück waren die friedlichen goldenen Eier für das Wohlbefinden des Kopfes, und ich konnte mir nichts besseres tun, als sie in deren Nischen und Winkeln und Kellern zu verstecken, daß ich mich doch hier nicht ganz so einsam fühle, denn in dem Fremden leuchtet mir was Eigenes zurück.

"Aber etwas einkaufen gehen müssen, wirst du ja wohl trotzdem, Persephone!"

V

"Etwas worin man leben kann", verlangte Persephone und sprang in die Falle, ob es noch stimmte. Dreizehn Stunden lang, sieben Schichten dick, rauchvergiftet, bodenlos. Ausgang? Suchsuch. Wieso wo? Die nächste Rechnung kommt bestimmt.
Denn es war ihr zu knackig in Plutos Spiegelläden, wo die hunderterlei Citrusbananaskiwilidschigranatmeloavokados potzkotztausendfach Sauberreihen rauf und runter stachen (manmußdasimaugebehalten) und das kühle Teeny an der Theke anderthalb Kilo fordert, unterkühlt: "Ihr Geschnetzeltes reicht nicht?" – "Nehmen Sie am besten noch drei Schnitzel, nun sinds 1360 Gramm...", bittend: "Wird es Ihnen reichen?" – Nun schon frostig das Teeny: "Wir werdens überleben." Denkt sich die kleine Asiatische womöglich: Weniger wäre hier mehr, fordert

ein Ei von der billigsten Sorte, Allah il Allah, kriegt das Ei in die Hand gedrückt, die Sechserpackung hat ihren Stolz bei fünf Luftlöchern, was die will fünf Pfennig zurück, warum wartet sie nicht an der Kasse, bis dreißig Pfennig eingetippt und ausgedruckt und verwechselt sind – nicht daß hier nochmal einer, denn diese Kasse verschließt automatisch, hineingreift, zugreift, mit der ganzen Kasse, wie vordem, vor kurzem, neulich raus durch die Tür, raus und aus wie auf Aus gedrückt, da wird geguckt und geguckt und nachgerannt und nichts kam mehr, Kasse leer, standen wir, warteten wir, schämten wir, guter Chef macht alles neu, macht den Laden froh und frei, ach guckguckguck Spiegelein vielfachfein reihenrein, gegen Ladenschluß fehlen manchmal paar Gramm an anderthalbtausend wegen der Frische, die unangreifbare Kasse jedoch zählt fünf Pfennig von bezahlten dreißig heraus, hätte die Asiatische gewartet, raus durch die Tür und schimpft nach fünf Pfennig, knacks. Son nacktes Ei in der hohlen Hand von einem knackigen Laden Plutos über die Trottoirs zwischen den Autofahrradskateboardbüroladenschlußfußfahrern macht bis zur Haustür sicherlich knacks. Wie will die überhaupt Schlüssel aus Tasche holen, aufschließen bis in ihr Küchensafe?
Fragt sich Persephone in ihrer sicheren Falle.
Denn es war ihr zu zugig auf der anderen Seite von Plutos Reich, wo sie in Zügen aufmarschierten und Errstartes verzogen und an Starrendem zogen und in den Eisenbahnzügen heranzogen und heimziehen, zusammenziehen, einziehen wollten ins große Reich Plutos des Reichen, auf daß wir reich werden, wie die Väter waren, warerdasetwanicht? der Papa wirds schon richten. Wessen?
Fragt sich Persephone. Meiner besser nicht. Den wollte die Alte, Demeter, auch nicht zurück, diesen Pracht-Boss. Die ließ ihn lieber im Olymp und blieb und blieb, wo sie

war, zog nicht rum und um, saß in der Falle wo's stimmte mit nix als Gras. Und Villen mit Brunnen, die sie erfand. Gefundenes Fressen.
Denn es war ihr zu lastlangweilig diese Gänge in den starren Reihen rechenfach durch die Spiegel in die Kassen aus den Zügen reichlichheim bis zum Küchensafe undvonvorn undschneller bessermillifach nunmalandersart nämlichneu neuer neuhochnull. War ihr zu öde, ... Demeter, klappert noch mal ab, nimmts Gebiß raus, fragt sich wem schicken zum Ärgern? Wirfts weg, hat Spaß am Ärgern verloren, hat ihr Kind Persephone verloren, das streunt nun im Reiche Plutos und hinter Pluto her und hinter allem was reich macht und wenns ne Falle ist, bildet sich Persephone ein, in ner Falle stimmts schließlich, ach Kind, hättest du auf mich gehört, das Gras. Beißt Demeter ins Gras.
Persephone hört das Gras an die Falle klopfen, herein, ja da seid ihr ja, habt ihr schön gespielt?, nun habt ihr euch wieder gestritten, dann wollen wir alles lassen wie es ist, den Tag beim Tag, die Nacht bei der Nacht, in dem Kreis und für den Kreis, damit der Punkt in der Mitte bleibt. Wissen alle, daß alle Kreise schwirren und ein Punkt am anderen ist nach Platz schreit. Aber Persephone tut, als zieht sie Kreise für sich und um die Kinder und höpft ein jedes hinein in seine Mitte. Sind sie aus der Falle allesamt heraus. Und nur ein paar Kreise als Spirale bleiben drüber übrig.

Persephone hatte zum ersten Mal eine kleine Ausstellung in der Metropole und zeigt Aquarelle von Blumen, die blühen auf den Bildern so, als könnten sie nie welken, mit Gesichtern, schön, die konnten nie häßlich werden, Blumen und Gesichter leuchteten inmitten irrer Wirrnis, die an die Spiegelstellagen der Plutokratie erinnerte. Bei der

Vernissage gab es vor allem Schweigen und etwas Gekicher und einiges sehr hörbares Mäkeln, das das Schweigen drückend machte. Nur ein kleines Mädchen sagte nachdenklich zu seiner Mama: "Das ist als wie aus einem andern Reich." Worauf die Mama leise korrigierte: "Als wie sagt man nicht, das ist falsch, nur wie." – "Wie", sagte das Kind. "Wie. Dann fehlt was." Natürlich ärgerte sich die Mutter, und überhaupt hätte alles sehr ärgerlich sein können, wenn es nicht Lachs und Roqueford und Champagner gegeben hätte, und für Persephone gab es extra dieses "als wie" aus einem anderen Reich, als ich noch in jenem Reich war wie damals, als wie, wie als, schöne Konjunktionen quer durch die Zeit.

Schließlich schöner Film für P. Hätte nicht Drive gehabt, Fotos samt Schnitt von Szenen in zackigen Spiegelläden zu zaubern. Wäre auch der Ton zu schnittig gekommen, wie wenn eine Kundin, mitteladrett, mittleren Alters, fit in den Mienen, modische Brille, an der Aufschnittvitrine mit ihrer Hand vorm Kopf der gerade wählenden Vorgängerin fuchtelt, um ihrer kleinen, kleinstädtischen unbeholfenen Besuchsmama die diversen Salate neben dem Aufschnittsortiment und auf der anderen Seite der gerade im Kaufdialog steckenden Vorgängerkundin zu demonstrieren und aufzuzählen und vorzuschlagen und anzupreisen. Will aber die wählende Kundin in Ruhe bedient werden und scheucht das Gefuchtel wie eine lästige Fliege. "Haben Sie Probleme?!", triumphiert die Besuchsauskunftsdame. Die kleine Mama sperrt den Mund auf, daß in der laufenden Vorführung entfernter Salate Moment Pause sein soll. Paar Minuten später treffen die Kontrahentinnen kurz nacheinander an der gleichen Kassenschlange wieder zusammen, die sich jedoch um einen Ramschextrastand teilen läßt, und die konzentriert ruhebedürftige Dame als

erste linkerhand, während die fitte Besuchsinformantin kurz danach sich samt Mama rechts plaziert. Die läßt dann auch großartig die sich wehrende Vorgängerin vor von links, mit höhnischen Sprüchen über unverschämte Leute, die immer siegen. Die Mama sperrt beifällig nickend den Mund auf.
Komik ärgerlicher Bildchen, Ärger komischer Takes.
Lieber schließlich schöner Film für P.:
der Moment, wo ein Autofahrer in einer Warteschlange vor einer Ampel, die grad grün kriegt, noch wartet und eine Fußgängerin, die in der Straße mit einem Pipettenfläschchen von handangerührten Tröpfchen für ein wenig mehr Geschmeidigkeit in völlig gesunden Organen gerade aus der Apotheke ein Treppchen vor dem Eingang heruntergekommen ist, die Fußgängerin zwischen den an der Ampel anfahrenden Autos wartend und mit einem Nicken des Kopfes durchgehen und über die Straße auf die andere Seite gehen läßt, ist ein eleganter, leichtlebiger Moment in der Metropole der Plutokratie zum Filmen, wie es solcher Momente dort mehr gibt und sich jede Frau als die Königin fühlt, die sie ist, und wäre auch nicht aus Laune oder Anspruch gerade an dieser nicht sehr günstigen Stelle hinter der Ampel über die Straße zwischen die Autos gegangen, sondern weil just hinter der Apotheke auf der anderen Seite das folgende Haus mit einem Baugerüst verkleidet war, unter dem ein Fußgängerdurchgang dunkel hindurchführen sollte, versehen mit einem Schild, das vor Dacharbeiten warnte. Folglich fühlte sie sich berechtigt, direkt von der Treppe vor der Apotheke über die Straße zwischen den Autos, wartend vor der Ampel, zu gehen, was jener ältere Herr in jenem Auto, vor dem sie passieren mußte, wohl in gelassener, straßenerfahrener, jedoch nicht allgemeingültiger Übersicht alles wahrgenommen und im Kopf verhandelt hatte mit dem Ergebnis, daß er die

Dame, diesen Kopf nickend, wohlwollend, denn er hatte die Macht, vor seinem trotz des plötzlichen Grüns wartenden Auto als Fußgängerin über die Straße ließ. Wie eine andere Dame ferner vorher im Supermarkt sich in Befolgung der dort neu eingeführten Regel, einen Einkaufswagen per Einwurf eines Markstückes am Eingang von der Sperre zu lösen, sich nicht als Diebin vorkam, dieses Markstück nicht aus dem eigenen Portemonnaie zu ziehen, sondern bereits in der Halterung des angeketteten Wagens vorzufinden und dieses vorgefundene Markstück also nur in die Halterung hineinzudrücken zur Lösung eines Wagens, denn sie hatte der Frau mit Kind, die vorher an dem Wagen hantiert hatten, hinterhergerufen, war sogar noch fort von dem Wagen aus dem Eingang herausgelaufen und hatte mit dem Markstück in der Hand in Belästigung der übrigen Passanten der Frau mit Kind ungehörigerweise auf der Straße laut nachgerufen, woraufhin die Frau mit Kind unbeirrt und miteinander beschäftigt weitergingen, daher auch die andere unbeirrt mit ihrem vergessenen vorgefundenen Markstück, das das Kind, welches den Wagen mit viel Kraftaufwand angekettet hatte, der Halterung zu entnehmen, nicht begriffen und die Frau oder Mutter dieses nicht beachtet hatte, völlig damit beschäftigt, ihr Kind zu beobachten und wohl auch zu bestaunen, daß es mit etwas auffälligem Kraftaufwand, vielleicht auch Stolz, den Einkaufswagen selber und allein anzuketten imstande war, und dann mit Einkaufstaschen und Kind an der Hand hinaus, während die andere recht gern und, wie ihr schien, trotz ihres Rufens unbeobachtet, aber gefilmt, ihr erbeutetes Markstück in die Halterung eines Wagens schob, den sie nach getätigtem Einkauf wieder festketten und die Mark entnehmen wollte, aber da stand schon eine dunkelgekleidete ältere Frau, die ihr freundlich lächelnd ein Markstück entgegenstreckte

und auf ihren leeren Wagen deutete, aus dem sie gerade die Tasche gehoben hatte, die so prächtig bediente Gewinnerin lächelte zurück, schob ihr den Wagen entgegen, freundlich: "So gehts ja auch", und keine von beiden wäre je so nett zur anderen gewesen, wenn es nicht um die silberne Mark und die leichte Beute gegangen wäre, wo es klappert und klappt und man für nur ne Mark ganzen Wagen kriegt und manchmal ne Mark extra, macht Frauen Spaß, Spielchen mit Kleingeld, Filmchen für Persephone, wo alles leicht durchläuft und gewinnt.
Anders jener düstere Film, der dann wieder zeigt, alles müsse düster sein und enden, wo der alte Mann grad Heiligabend die Mülltonnen neben dem Supermarkt durchsucht, und ist es nicht der gleiche, der P. vor der Flaschenrückgabe, dort wartend, wie ein einsamer alter Intellektueller oder Künstler erschien, und die Verkäuferin hinterher aufgebracht und vertraulich zu P.: "Dem nehm ich sie nicht nochmal ab, der holt sie aus den Mülltonnen." Und P. sieht Flaschenhalden, von denen sorgfältig jede einzelne immer hin und her gebracht wird für paar Groschen, während die anderen achtlos im Müll landen, und die muß man erst suchen und auffinden, das ist viel Arbeit, sie haben den gleichen Wert, aber es soll nicht gelten, weggeworfene Schätze aufzustöbern. Wie die alte Frau, die Silvester neben der Haustür P.'s einen dort hingelegten Lumpensack durchsucht und eine kleine dunkle alte Weste daraus prüfend mit den Armen gegen das Licht hält wie eine Kundin vor einem Wühltisch im Kaufhaus, ob sie mitnehmenswert sei, ganz sachlich. Auch der alte Mann vor den Mülltonnen des Supermarkts hatte alte Äpfel prüfend in die Hand genommen,ob sie das Mitnehmen lohnen, und die Flaschen einzeln untersucht, ob es Pfandflaschen seien. Die Kunden aus dem Supermarkt und P. an ihrer Haustür gehen mit prüfenden Augen an den Armen vor-

bei, ob diese auch nicht etwas Kriminelles an sich haben oder welch seltsame Arbeit die dort verrichten, zugleich, ob man selber auch so enden wird, bei sachlich absurden Handgriffen.
Ferner die Straßenbahn, die stumm genau vor P. die automatische Tür schließt, P. dreht sich um, will zurück zur Haltestelle. Da hört sie die Stimme des Fahrers über Mikro: "Sie können nochmal drücken", dreht sich um, und zwei Männer in der Bahn sind schon an die Tür gestürzt, öffnen sie von innen, helfen P. beim Einsteigen, die genau weiß, dies geschieht, weil sie als elegante Dame angezogen ist mit Hut und Kleid und Pelzjacke.
Die ungeheuer lange hohe Rolltreppe am Rathaus, wo die Ausstellung ist, zu der P. so elegant führt, die aufwärts rotes Licht zeigt, so daß P. die Stufen steigen muß, eine ungeheur lange Treppe. Was wäre, wenn sie behindert oder alt wäre, oder einen Kinderwagen dabei hätte? Müßte sie zurückfahren.
Die Ausstellung, die gerade Silvester geschlossen hat.
Die Schwarzfahrt zurück, da schon die Hinfahrt vergeblich bezahlt war. Was wäre, wenn jetzt Kontrolle käme? Sie müßte Strafe zahlen und weiß, daß sie nichtmal genug Geld dabei hat. Aber es kommt keine Kontrolle, wie die arme alte Frau vor ihrer Haustür Glück hat, daß sie dort einen der Herkunft nach undefinierbaren Lumpensack gefunden hat, den sie prüfen kann. Es sind zwei solche blauen Plastiksäcke seit Weihnachten in der Nähe des Hauseingangs. Man hat sie aufgeschlitzt, der Inhalt wird von Tag zu Tag weniger. Sie enthalten nicht nur Kleidung, sondern auch irgendwelches Gerümpel von Gebrauchgegenständen, nicht zu erkennen, Abfall an sich.
Die andere alte Frau vor den Mülltonnen mit einer Plastiktasche in der Hand, die in der Mülltonne stochert und einiges herausnimmt und wieder hineinlegt und sich miß-

trauisch nach P. umsieht. P. weiß nicht, will diese Frau etwas Brauchbares suchen und in der Plastiktasche mitnehmen, oder ist es eine Hausbewohnerin, die die Ablage sorgfältiger einrichtet, um den Abfall aus ihrer Plastiktasche besser entleeren zu können. Es ist eine sehr seltsame Szene, denn diese ältere, schlichte, aber auch nicht unangenehm lumpige oder etwa verkommene Frau könnte sowohl eine unendlich arme, notleidende Sucherin nach Lebensmitteln oder Benutzbarem sein, wie auch eine sehr auf Ordnung fixierte Hausbewohnerin, die selbst den Müll ordnet, damit noch mehr hineinpaßt in die Tonne. Beides gefällt P. nicht. Um ihrer eigenen Seelenruhe willen beschließt sie, es sei eine Hausbewohnerin, die kürzlich in ihrem Haushalt etwas verloren hat, vielleicht eine silberne Gabel oder Kartoffelschälmesser versehentlich, wie das an Weihnachten passieren kann, mit in den Müll gekippt zu haben glaubt und darum dort sucht und mißtrauisch guckt, weil sie selber weiß, es macht einen sehr trostlosen Eindruck, wenn jemand im Müll sucht. Verschiedene filmische Variationen der gleichen Sujets, sich gegenseitig befragend und lauernd in der Schwebe.
Nicht wie jenes rasche Portrait, das P. auf der Straße von einer erfolgreichen intellektuellen Künstlerin dazwischenblendet, knallrotlanglockig, scharf, mit überspanntem Lächeln, dessen rasches Standbild sagt: "Ich bin meine eigene Karikatur." Während die Gesichter über den Mülltonnen verschwimmen, zerfließen zu lauter Zeichen von Fragen vor Türen von Märkten und Wohnhäusern.

VI

P. hörte. Mit dem inneren riesigen Ohr. Hörte das Fallen, Sterben, Geist aufgeben. Dichtete den Plutokraten doch tatsächlich Geist an. Von außen, von den Antennen und Chips kam wenig Geist in das kleine organische Ohr geflogen in all dem Rauschen und Dröhnen. Hörte von außen Nachrichten. Der Oberpluto habe verkündet, es würde nunmehr das glücklichste Jahrzehnt des Reiches beginnen, Frieden im Verein, einige Freiheit, vereinter Wohlstand. Der Nachrichtenversprecher merkte an, man könne die Verkündung des Oberpluto in allen Einheiten original dann und dann in diesem fortwährend laufenden Programm empfangen. Genau um diese Zeit werde ich einen anderen oder keinen Sender hören, wußte P. Immerhin kann man im Reiche Plutos jedes Lokal verlassen, wenn man sich einen grad abhebenden Saalredner nicht gefallen lassen will. Allerdings vorher zahlen, wahrscheinlich das Bezahlte stehenlassen müssen, womöglich unangenehm auffallen dabei, sicherlich Hunger haben und kein Geld mehr für weiteres Lokal. Hinterher die Wut: Schuld war der Saalredner, was muß er der ganzen Kneipe auf den Geist, meinen jedenfalls, gehen, aber wegen der Freiheit im Reiche Plutos muß man ihn reden lassen, brauchst ja nicht hinzuhören, was bist du so empfindlich, daß du gleich abhaust und dein bißchen Anrecht stehen läßt. – Mit solchen Leuten gemeinsamen Tisch? Aufstehen, rausgehn, Grenzen ziehen, stumme Kriegserklärung; leider kein Widerwille so ätzend, daß das Redeschmalz verbrennt zu einem verkohlten Fettfleck auf dem Linoleumfußboden und zu einer schwarzen Warze auf den Kurzwellen. Steigt P. geneppt aufwärts in ihre Absteige: Wenigstens das hab ich mir erspart. Sucht sitzendere Wellen für sich und ihren Wellensittich – sich sich sich und mich und dich und sonst noch den und jen und jenseits, und warum die und diese hier nicht auch noch, wollen sie hören. Hörthört. – Kommtvielzuviel und allesaufeinmal. – Aus.

2. Kapitel

Pluto, geplättet. – Hades, abgeheftet!

I

Möglicherweise war P. am Kiosk Bier holen, als einer ihr zum Muttertag gratulieren wollte. P. sagte nur: "Darauf steh ich nicht.“ Da wollt er ihr wenigstens nen Hund oder nen Vogel andichten. Den Vogel hat sie dann akzeptiert.
Großes Gelächter.
Und derjenige, der mal wieder Hades spielen möchte: "Persephone, du, ich und du, du bist du, du bist du, und ich, ich…, na?“
Glupschaugen, Feuerauge, Tigerauge, Fangaugen, Mordsaugen, also für den Moment einmalige Augen.
Und Persephone lächelt und lacht ein Wiegenlied: "Ach, Bubi, du hast doch auch ne andre.“
Großes Lachgelächter.
Der angeblich nächste Hades explodiert und löst sich in Luft auf. Jedoch bemerkte die Gesellschaft hernach keinen Gestank außer einer Spur Bittermandel.

II

Ich kann nichts mehr sehen und hören, ich gehe nicht auf die Straße. Die Glitzergeschäfte, wo ich liebäugele und zulange, mir ein Gaudi und Brimborium in Gaumen und Augenkitzel hole, hüpfend und gickernd durch die Günstlerbrunst von Bretzelndem und Bratzelndem, das mir den Kopf aufbläht und quillt in vipernden Schlangen aus allen weichen Ausgängen des Kopfes, daß gar nichts mehr von mir in meinem zu Bruch getonnten Schädel übrigbleibt und mein eigenes Stimmlein abwärts sinkt in die Tiefe der Gedärme, die noch was wollen, und der Kopf kotzt es aus.

Oder sehen müssen in die Gesichter, die zuckenden Wabbelgrimassen mit den starren Vernichtersignalen im Schuß aus den Augen für deine künftigen Hohlwege. Ich geh nicht. Höre ein Vogelzwitschern, das fremd verirrt erscheint. Laß mich auf meine eigene Straße führen, wo ich durch Galerien und Spiegelkabinette meiner Bilder fliehe, immer weiter, bis nirgends, bis immer wieder, von vorn, noch einmal, endlos, und nie, nie am Ziel, immer fliegend durch diese Bilder, wo der Kopf in jedem Ruhe findet, während die Stimme die Vögel erreicht. Hätte ich den Plutokraten nie etwas gesagt. Hätte ich es immer nur den Vögeln gesagt. Und den wenigen Vogelzwittern. Weibchen, wie Artemis und Aphrodite; Männchen wie einige von diesen Plutos. Die sich dann erweisen als ein krachender Prachtpluto, oder meist als ein mürber Papp-Pluto, und ganz selten und umso gefährlicher als ein Prinz Pluto, der nicht den Phallus, sondern den tödlichen Pfeil einsetzt, daß schließlich aus dem Pluto ein Hades wird. Aber zunächst Vögleinzwitter, sehr nahe, sehr fremd, sehr verirrt. Und wird Aphrodite nicht Mars lieben? Erst einmal Stimmchen, Schnäbelchen, hin und her, tschilptschilp, gurrgurr. Als müßte es immer so sein, endlos durch die Galerien, um Balance bemühen, nicht die Unschuld zu verlieren. Wie selig, wie selbstzufrieden, die glücklich Balancierenden auf den tragenden Säulen der Unschuld bis in die Himmel.

Die Bilder lieben, besonders die Bilder von Pluto. In seinem Sog in die Unterwelt hinabgezogen, tragen Mannsbilder für Persephone in der Unterwelt seinen Namen. Leibhaftig, gegenüber, aus dem Rahmen tretend vor Lebendigkeit, und neckend, lachend, fast platzend aus sicherer Kraft, oder in Geheimnis zurückgezogen, spöttisch und melancholisch ins Abseits schauend, dennoch die Betrachterin faszinierend, und es lächelt und schwatzt sich

gleitend gemeinsam, Wein in Mund und Nerven, aus der Tiefe kommen die Blicke die Stimmen der Drang des Feuchten und dringen in die Tiefe und nichts weiter und so vermählt. Und dann entschwinden die Bilder, nehmen sich zurück, wollen es nicht gewesen sein, entziehen sich dem Blick, nennen das einstige Spiel nur Spuk der Einbildung einer Hexe. Persephone hatte sie wohl verzaubert zu olympischen Göttern in Bildern der Freude. Aber sie wollten sich lieber als häßlichen Schatten und Tod in Verachtung von Blüten und Blut und einer Tischrunde der sich Zutrinkenden. Nein, die Götter der Bilder wollen sich nicht gemein machen mit einer einst in den Styx abgerutschten Malerin und trinken unsichtbar, unnahbar englischen Tee, ungesüßt, ungewürzt, unaufhörlich, bis sie gelb und bleich als die Gespenster ihrer Leere durch die Schornsteine entfleuchen und rundum in der ganzen Gegend schlechtes Wetter machen für mindestens einen Sommer in dieser eh zur Düsternis neigenden Plutokratie.
Aber auch Persephone hat im Grunde immer nur die Vorstellung vom Mann angezogen. Etwas Andersartiges, ihr Entsprechendes, aber Eigenständiges zu finden. Ein spiegelhaftes Selbst, das sich wie sie zum Bild entwickelt hat, gebildet zum Bild. Stattdessen mimte jeder von ihnen seine eigene Karikatur, überzog seine innere Häßlichkeit, Flachheit oder Starrheit. Männer? Seht sie euch an auf den Straßen! Ein Mops, ein würdevollerer Bernhardiner, oder ein spinnerter Windhund. Hundehaltung kann der Besitzerin einige Sicherheit geben. Wird aber strapaziös in Pflege und Dressur.
Muß nicht Hund sein. Besser überhaupt keine Bilder von Pluto erst so genau aufnehmen und umsetzen und wiedergeben. Sie verschwimmen doch zu Fratzen und entweichen als Schatten ins Ungewitter. Sollte sie in der Kunst so genau konstruieren und auftürmen und Gebilde inszenie-

ren? Es wird zum Gegenstand. Wie die sämtlichen toten Körper, die sich selber zuviel sind und darum fortwährend einander suchen und anziehen oder abstoßen abwechselnd. Sandburgen bauen wie der Wind, den Sand häuft und wieder abträgt nur für Bewegung, und der Sand will nicht dauern. Bilder mit den Augen filmen und zur besseren Sicht mit dem Kameraauge, damit auch etwas zu montieren und zu schneiden und zu vermitteln, mitzugeben sei, als ein Fluß von Bildern, die sich in anderen Augen wiederholen. Aber auch malen, malen auch, Gemaltes filmen, denn die realen Bilder sind zu fremd konstruiert, immer die eigenen Bilder malen, die eigentlich schweben möchten und nicht an der Leinwand kleben, die Bilder durch den Raum fliegen lassen. Dies im Kopf, mit dem Rücken zur Wand der Wirklichkeit der Plutokratie und von daher durch den Kopf die Bilder projizieren in der Ferne, wo vielleicht Augen sind. Plutos Augen?

Denn mir fehlt sein Gesicht, seine Stimme, sein Kopf. Sein Kopf war meine Wohnung, wo ich geborgen war, wo mein Kopf seine Ruhe fand. Eine sanfte, süße Ruhe, die ich auch beim Zeichnen, Filmen finde, aber da als ein Gegenüber, eine Anrede. Ich kann mit vielen sprechen, witzig, nett, auch liebevoll, verständnisvoll. Aber mit niemand mehr so wie mit Pluto, daß mein ganzes Hirn wie eine süße weiße Milch schwimmt, die ich schmecke mit dem Durst meiner Nerven und nach der noch die Luft der Entfernung zwischen uns roch. Oh, diese Sehnsucht nach der vergangenen Geborgenheit in dem Zublick einer Anrede, die mir so verflogen ist und die nur in einer guten Bildfolge von mir wiederkehrt zu mir als etwas, was diese Bilder zu suchen scheinen. Aber es grinst sie nur Pluto des Hasses an.

Man muß die Welt retten, die Idee der Welt; es wird gut werden. Oder etwa nicht, wenn Persephone nach einem kurzen, aber krachenden Besuch bei Aphrodite, die aus-

schaut wie eine Gangsterbraut in einem amerikanischen Horror-Comic, aber über sich und ihre Misere im Horror mit allen Plutos lachen kann, über diese Aphrodite sagt: "Die Welt ist gerettet. Diese Frau ist so schön."
Welcher Pluto wird Aphrodite als nächster verführen? Oder sie ihn? Wird es nicht Mars sein?
Und für welchen Pluto malt und filmt Persephone noch ihre Bilder, für welche Augen, für einen Pluto, der bluten kann, oder für Hades.

III

Der schönste Pluto ist doch immer jener Jüngling, sitzend, den Fuß aufs Knie gelegt, den eigenen Fuß untersuchend, ob er einen Dorn eingetreten hat, und nur Auge für den eigenen Fuß, den er als Hermes schließlich braucht, um Botschaften zu bringen, Götterbotschaften; nun in jener elegant geschwungenen Krümmung gebeugt zum eigenen Fuß, wie jenen Fuß zu retten er es anstelle, daß er wieder eilen kann für lauter andere, kein Blick zurück mehr auf sich selbst. Aber festgehalten in jener allen bekannten Statue nun sitzend für immer durch die Jahrtausende, der Götterbote, sitzend in Gram über den eigenen Fuß.
Dieser schönste aller Götter kehrt für P. in der Plutokratie nur noch in ein paar überbliebenen Nippesfigürchen vom Flohmarkt wieder, in weißem glatten Zuckerbäckerporzellan mit einem abgebrochen abgebissenen Ärmchen oder Beinchen, knabberknabber, oh wie süß und edel, dieses weiße Prinzchen, links ein Hündchen, rechts ein Hündchen, genauso süß aus zuckrigem Porzellan. Kein Blut an der Fußsohle. Kein höhnischer Riß von Satire am Tritt querbeet. Sitzt nun immer, auch wenn er sich fahren läßt, und achtet auf die Füße.

Dann schon eher Blut im Krug beim metallischen Satyr, roter Wein im grinsenden Mund und stampfenden Fuß, nicht süß, sondern sauer bitterlich, mit viel Hohn und scharfem Stechen. "Macht mich vielleicht an, macht mich eher an, besser an", findet Persephone, weil es Tritt hat und zutritt. Wird auch nie Nippes draus. Wird einsamer Kämpfer draus, Raubritter, Schläger. Der in einer kolossalen Schlägerfigur im Museum für Moderne Kunst mit sich allein steht und keine Augen hat im Kopf. Wo sind die Augen? Die hat er in sich hineingefressen und ausgetrunken und sich daran besoffen. Nun schlägt er blind.

Lieber Bilder für und von Artemis malen. Die Aphroditen sind Gangsterbräute und verlassene Comic-Divas, die immer schöner, am schönsten, noch schöner werden wollen für den nächsten Pluto. Für Mars?

Artemis jagt. Artemis ist eine Kleine, Behende, Flinke, die hier eins schützt und dort eins staucht und das dritte erlegt. Weil sie Gründe hat und das Wild nicht verwildern soll. Sie geht nicht auf Beute wie Aphrodite; es gehört ihr, gehört zu ihr, sie ist die ordnende Jägerin für Bedarf eines jeden, und es soll Anstand sein und jeder auf sich achten, vor allem aufpassen, ob ihn einer, der's sehr nötig hat, braucht.
Denn Artemis ist streng. Macht Pluto mit einem Wort zur Sau und erlegt ihn dann mit einem Handschlag. Steht er als Fohlen wieder auf und will Reittier bei Artemis werden. Ab in den Stall, sagt die, steckt ihm aber Zucker zu, du kannst mal Lasten ziehen, ich ruiniere vorher für dich einiges an Motoren. Findet das Fohlen nun wieder blöd, ist nicht neidisch auf Motoren, als Reitpferd kann man sich noch halten, findet das Fohlen, die ist ja aus der Steinzeit, jedenfalls aus der Antike, ach merde, die soll

sich doch einsargen lassen, ich werd mal ein Hengst und dann reit ich sämtliche Aphroditen. Aber hier im Stall erst mal Schnauze halten.
Artemis betrachtet ihn prüfend und skeptisch. Werweiß, was aus dir noch wird, was fürn Ärger. Du bist mir doch auch so ein Pluto. Ich hol mir besser meine Pferde bei Persephone.
Bilder von Pferden träumen und malen für Artemis. Hat Persephone schon immer gemacht, grad von den Pferden. Wie sie stehend schlafen. Wie sie in Galopp verfallen, obwohl nur Trab angesagt. Pferde sind von allen die Selbständigsten. Für Augen, die ordnen und in die Ferne schauen.
Persephone will für Artemis aufs Pferd kommen und ihr was vorreiten. Hat aber den Sattel nicht dabei. das gibt ne Rutschtour. Ob sie raufkommt? Wahrscheinlich landet sie im Straßengraben. Aber der Reihe nach:
Einmal sagte mir so ein Nobelplutokrat: Wenn du einmal alles weißt, dann kannst du kommen, und wir machen dir Tee und Wadenwickel. Ich hab nichts erwidert. Später hab ich gedacht: na, da wär ich nicht eben scharf drauf. Fand's aber doch so ganz ergreifend. Nun, wo ich ihn und seine Komplizen kenne, in ihren Halbheiten, jeweils ergreifend, übergreifend in ihrer Idiotie des Unbegriffenen, Begriffslosen, wo ich sie fallen lasse und es mich dennoch rührt, wenn sie ganz linkisch, mit Lächeln und Lallen und lahmen Bewegungen etwas zu ergreifen versuchen – was ja mein Hals ist, mit dem ich mich nach ihnen verrenke und längst, liebenswürdig, mit Luxus von ihnen umhalst sein müßte – oh, Auh-schwitz der Umarmungen, neinnein, wenn du einmal alles weißt, dann trinkst du dein Bier aus, und findest es erstaunlich, daß es dir geschmeckt hat, und der neue Tag, das wird dann wieder ein Tag sein, wo du nichts wissen möchtest, und dich abends wunderst, daß

dir noch etwas geschmeckt hat. Vor allem, wenn du sie siehst überall, wie es ihnen zu schmecken scheint, während du ihnen anmerkst: morgen kotzen sie; oder ein Alter, der es innig genießt, über Bescheidenes viele altmodische, kostbare Worte macht, und du siehst ihm an, er geilt sich da mit seiner 'zarten' Fleischwurst und seinem 'kernigen' Sauerkraut an irgendwas auf, was ganz anderm, was unwirklich Schönem, und lächelt und zittert schon so, daß du die Elektronikungetümer der Intensivstation über ihm wahrnimmst, und der Wirt beim Kassieren macht auch beim Kassieren ein Gesicht, als sei hier nicht mehr viel zu kassieren, was den Wirt trübe stimmt, und du filmst den Alten mit kindischer Dankbarkeit hinausgehend; ja so ist das, wenn du einmal alles weißt, und die medizinischen Wadenwickel, die tauschen wir ein gegen einen letzten Blick auf die Platanen und daß da einmal das Bier und der Äppelwoi und der Rauscher rauschten und rauschten und rauschten und die Kiesel blinkten und die Kinder nicht mit den kieseln schmeißen durften. Das wußten wir, das hatten wir zu wissen. Alles andere stand halt nur zur Diskussion. Aber wer, der was weiß, mag schon diskutieren. Oh, Persephone schmiß den Kindern die Kiesel zu und beschwerte sich über die Preise des Wirts und ließ ihn an sich verdienen. Dann ging sie glücklich über seine Kiesel wie über die Entertainments der Stadt an den Entertainern der Plutokratie vorbei, als schwebe sie in ihren obersten Sock, wo sie mit eiskaltem Mineralwasser dicht und dichter am Himmel des Zeus war, er solle es Kiesel regnen lassen auf die Wirte, die Entertainer – besonders die mit den Wadenwickeln – und endlich mal schönes Kieselrauschefest machen, damit die dankbaren Alten mit den undankbaren Kindern was zu lachen hätten. Ach, und Zeus hatte natürlich über seinen Wolken Schnupfen und schlechte Laune und ärgerte sich gleich, daß Persephone sich wohl einbilde, sie sei was Besonderes, da ging Persephone zu Demeter, aber sie wußte nicht mehr, wo sie die suchen sollte, sie konnte sie nicht mehr vorstellen, lauter verfranste, hysterische, kitschige Weiber fielen ihr ein, weil sie ja wohl mit diesem übellaunigen Zeus mal was gehabt haben mußte, also ging Persephone zu einem Pferdchen, das tanzte sehr graziös aus einem Sarkophag heraus und war sicherlich ein Damenpferd, während Persephone schon in einer Volksmenge vor dem runden sanften Hinterteil eines Vollbluthengstes schützend stand, der von einer sehr souveränen Dressurkünstlerin gegen das zudringliche Volk im Zaum gehalten wurde, denn es drohte durchzugehen, und Persephone erwiderte das Tänzeln des sarkophagischen Pferdchens und half der Dompteuse, den schwarzen Vollbluthengst gegen die Menge zu schützen, und beglückwünschte sich, daß nunmehr das asiatisch gelbe Jahr des Pferdes angebrochen sei, das mal wieder das Jahr des Jahres werden würde, und gab dem Jahr die Maxime: das Pferd heißt Pferd weil es fährt, womit sie es an sich nicht zum Berlinjahr machen wollten und schon gar nicht: Reitet für Deutschland, aber wie es der Zufall so fügt, nun reitet das Biest. Absatteln! Hängt die Pferde! Ja, so ist das mit den innige Sarkophag- und Vollblutträumen, am Ende bleibt dann doch die glücklich befreiende Intensivstation, gebucht in der ersten Klasse, falls sie rechtzeitig die Papiere finden und respektieren, das Abstellgemeinschaftsbad tut's auch, nur noch einmal daß sie so einer dämlich karikativen Nutte von Krankenschwester die letzte Verachtung tödlich grimassieren könnte. Und dann die gelben Rosen, die weißen Lilien, niemand wird Kiesel schmeißen, trauriges Edelholz am Ende.

Krach wird's geben plötzlich: auf einem gesattelten zierlichen Damenrößlein mit wehendem Hemdchen herausreiten aus dem Sarkophag und davonfliegen. Artemis auf ihrem Zuchtpferd inmitten aller Trauerblumen hat nur auf diesen erlösenden Moment gewartet. Die Umstehenden wissen mal wieder alles rein gar nichts, und die Pferde schütteln die Köpfe, machen daß sie fortkommen.

IV

Schön malen, schön filmen, Bilder von Bildern machen, Bilder des Inneren, Scheinbilder, malen um zu malen; die Welt soll abstrakt werden. Und immer für die Leibundmagengalerie, die nichts einbringt außer versprochenem Tee mit Wadenwickeln, auf die sie nichtmal Appetit hat; aber Bildchen werden mit einem Mix aus würdevoller Herablassung und um Weisheit bemühtem Respekt entgegengenommen, manchmal ausgestellt, verkauft eher nicht, das will man der Kunst nicht antun und lieber vornehm als geschäftstüchtig scheinen. Ist da nun was faul, oder sind sie auch aus einer anderen Welt, fragt sich Persephone: Seit ich in der Plutokratie lebe, kenne ich als oberstes Prinzip, daß die Kasse stimmen muß, meine jedenfalls, und führt Aufträge für andere aus, um nur ja die edle Galerie ihr geheimes Glücksschwein mästen zu lassen, das sie sicherlich in einem unerfindlichen Stall haben, und steckt ihnen noch was zu fürs Schwein. Als das Vieh in die Notschlachtung mußte, sollte das dann wohl an P. gelegen haben, an Überfütterung, oder wer weiß, welche Chemie die dem Schwein untermischt hatte – pfui, raus, kein einzig Bild mehr, wir hatten kein Schwein mit dir, jetzt wird kalkuliert und Geld verdient, deine alten Schinken wollen wir nicht.

Und sehr alt durchgezogen, geräuchert, salzig bis zur Bitternis, einen schon historisch zu nennenden Schinken, der ihr sehr wertvoll erscheint, hängt P. da selber noch auf, aber sie nehmen ihn nicht wahr, haben ihn angeblich nie gesehen, er ist nicht wiederzufinden, sie soll nicht etwa kriminologische Bemühungen anstellen, wahrscheinlich sei er aufgegriffen und vergraben, jedenfalls ist er weg, Naja, war nicht gleich das Original, immerhin ein Skandal ohne Beispiel, denn gerade jetzt ist dieser Schinken reif und könnte für Gourmets den richtigen Geschmack haben. Und damit nun auf Tour gehen in zig Märkte mit Fertiggerichten, wo die Einkaufsgaleristen noch nie einen Schinken gesehen haben und sie zu den Wilden aus der Steinzeit rechnen, die sowas mit der Keule geschlachtet und zugerichtet haben. Denn keine Ahnung, was das für ein zur Köstlichkeit geräucherter Schinken ist; bald finden die Maden daran Geschmack.

Persephone weiß nicht: Lügt da so ein Edelpluto? Oder haben die Frauen sich vergriffen und unterschlagen? Oder spukt es? Die Antwort ist vornehmes Schweigen, versehen mit einigen boshaft bösartigen Anmerkungen. Prinz Pluto der dritten Ebene, der mit ihren Augen die Plutokratie zu durchschauen und verurteilen, Habichtsaugen sich aufgesetzt hatte und immer schärfer durchblicken wollte, wechselt mit müdem Lächeln auf Kontaktlinsen über und übt sich in Kontakten einer liebenswürdigen Welt um jeden Preis. Persephone, was kommst du auch aus dem Dunkel und aus dem Reich der Träume und Vorzeit, wo die Frauen das Gras und die Halme liebten und die Schlösser ihrer Urmütter! Du hast die Winkelzüge mit dem Zirkel eines prinzlichen Pluto und meine Mathematik, daß immer der Tod das Ziel ist und die Welt kurz, aber gerecht, nie begriffen. Du wolltest die endlose Liebe

der Dauer der anderen Welt als einen dunklen Untergrund bis auf ewig; und sieh: Es geht immer rauf und runter, in einem Zickzack fällt viel raus, ist aus, anderes steigt auf und steht neu da; ich blinzele, kein Habichtsauge für eine zu richtende Welt, keine historischen Räucherungen zur Schärfe, sondern hier ein Blinklicht, dort Asche; so versammelt sich die ganze Welt in unserem Globus der Plutokratie, und dein Reich gibt es nicht mehr.
"Schwätzer!" denkt Persephone, und du warst mir ein Prinz! Ein recht routinierter Hades, der es zum Programm macht. Ich kann ja froh sein, daß ich dich Totengräber nicht mehr sehen muß und mir deine Mathematik nicht vorzustellen brauche, und schade um jede Stunde mit dir, die mir verflogen ist wie Pulverdampf!
Ja, aber die Bittermandel?, nörgelt Kritiker Hades.
Ist schließlich ungenießbar, pur, sagte Persephone. Nur ganz fein gehackt eine Prise, als Würze. – Igitt, dieses Scheusal als Klumpen gedacht, und so mit sich in der Welt lebend und sie verbitternd.
Aber malen, immer noch malen, immer weiter malen. "Du machst dir also immer noch Hoffnungen?!" – Totengräber. Sieht die Grube. Sieht eine Grube an der anderen. Sieht die Grube für Persephone.
Was?! – Ich soll mein neues Bild, das ich dir gar nicht mehr zeige, nicht nennen "Mein Land liegt nicht auf diesem Globus", 'Globus' sei nur eine künstliche kleine Attrappe fürs Panoptikum? Plötzlich willst du mir schöne Welt aufzeigen! Eben, eben, das ist es ja, Attrappe, und du ein künstliches Stecknadelmännchen, auf diesem Globus aufgespießt, das sich die Aura eines Halbgottes und Helden gibt. Ein ganz kleines drahtspießiges Stecknadelmännchen, das mal die Klappe aufriß zum Höhenflug und sie dann luftkrank mickrig wieder schloß mit der Arroganz der abwärts gekniffenen Mundfalten des Totengrä-

bers. – Diese kleinen Gauner! Die hatten es ja praktisch darauf angelegt, über meine Leiche zu gehen. Und ich rede noch mit denen und mache noch gute Miene. Aber anders kann man auf dem Globus der Plutokratie keinen Tag leben. Gute Miene machen zu den Mördern und Leichenschändern; sie würden doch allesamt nicht nur ihre vermeintlichen Feinde, sondern auch ihre besten Freunde an den Teufel verkaufen, um aufgebläht segelsteif in ihrer eigenen fetten Sauce zu schwimmen. Guckst du, ob sie sich tragen können, lauter kleine wankligе Schipperchen. Aber vollmastig, segelblendend zum Protz von Stärke und Schönheit, die hier gefragt sind, wo es so windig, so windig ist, wo im Grunde alles nur ein Wind ist und einen Wind macht.

V

In einer kleinen Bäckerei, als P. am Anfang einer langen Wartezeit nach dem Rausschmiß aus ihrer Leibundmagengalerie ein kleines Stück Kuchen oder wohl eher ein besseres Brötchen kauft, fragt die Verkäuferin, jung, hübsch, nett: "Haben Sie sonst noch einen Wunsch?" Und P. sehr versonnen und betroffen: "Ja, ich habe einen grossen Wunsch. Aber den kann ich mir in einer Bäckerei nicht erfüllen." Die Verkäuferin sehr nett und verstehend: "Das ist doch gut, wenn jemand einen großen Wunsch hat. Die meisten Leute haben ja gar keine Wünsche mehr. Man muß sich immer etwas wünschen."

Ich bin so allein mit diesen hungrigen Kinderchen und kann ihnen in der Plutokratie keine Nester bauen. Aus den goldenen Eiern in meinem Kopf krochen Vögelchen, und ich kann ihnen keine Nester bauen. Sie sind ja meine

einzige, beste Gesellschaft, und ich muß mich mit ihnen beschäftigen, immer neue Bilder, Filme. Aber sie verlangen das Ihre, wollen sich zeigen in Galerien und auf Märkten, wollen auftreten vor Publikum, wollen Einnahmen. Allein mit mir bedrängen sie mich und machen mir Vorwürfe und stapeln sich mit wirrem Gefieder und klagenden Schreien. Sie wollen jedes sein eigenes Nest, wo sie sich richtig am Platz fühlen könnten und für das Ihre sorgen und schön ihre Kunststücke zeigen, dafür ernährt werden. Und ich finde nicht die Nester, wo sie einer aufnehmen und ansiedeln will, fremde Vögel, fremde Vögel, wer will fremde Vögel, für fremde Vögel können sie sich nichts kaufen, sie wollen nur solche, die wiedererkannt werden und bekannt sind oder manchmal auch einen ganz seltsamen struppigen; nur meine nie, aber auch die fremd unauffälligen von anderen meinesgleichen nicht, große Vogelheere eingesperrt, bei denen, die sie ausgebrütet haben. Und sie sind dann nicht mehr schöne Gesellschaft wie beim Bebrüten und Schlüpfen; sie machen nur noch Dreck und krakeelen und verlangen zuviel Platz in meinem Kopf, wo sie doch nicht mehr hingehören und längst ausgeflogen sein müßten.
Anfangs fand ich kleine Galerien. Sie mochten gewisse geringfügige Bilderchen von mir selber gerne sehen und zeigen. Aber sie verstanden es nicht, die Etikettierung dafür zu finden, um die Anziehungskraft auf dem unübersichtlichen Markt zu schaffen. Sie gaben auf, sie schlossen sich vor mir. Die letzte Galerie meinte, ich beanspruche sie persönlich zu sehr, sei zu allein. Ist die Kunst nicht das Persönlichste von der Welt? Natürlich beansprucht das. Ich wollte doch nur Nester und Flugplätze für meine zahllose Brut, die mir ständig aus und um den Kopf schwirrte und krakeelte. Ich selber? Ich? Was ist das? Alles aufgegangen in den Bildern und Filmen in Schwingungen und

Farben, manchmal harten Schnitten. Zeigensprechen ich etwas anderes, etwas außer diesem, etwas das nicht in die Rahmen gehört? Immer in den Rahmen; nach Rahmen, Wand, Platz suchend für Ausstellung und Verkauf, auch das Eigenste, das scheinbar Unstrukturierte, alles nach Form und Rahmen suchend. Die privaten Dialoge, das Betrachten von Beliebigem, die Mitteilung über Entfernteres immer in Hinblick auf die sich anbahnende Struktur, die es erst federschüttelnd erfliegen muß. Aber an sich alle Zeichen und Laute bereits im Entstehen Kunstflüge. Ich lebe als Malerin der Filme meiner Wahrnehmung und meines Ausdrucks, nichts anderes, auch mit mir allein, meist mit mir allein, der Raum um mich ist Kunstraum.

Pluto? Pluto längst Kunstfigur. Viele Plutos. Viele Figuren, Figürchen, auch Nippes, aber auch Kolossalstatuen oder Draculas von Horror, lauter Figuren. Pluto? Das kann es doch nicht sein. Zwar erscheinen sie auch immer wieder als Figuren von Hermes oder einem die Nerven kitzelnden Satyr. Aber leibhaftig auf die Reihe gebracht, haben sie wenig Blut, das warm für mein Blut wäre. Prachtpluto als Protz von Sex, aber mit ganz verschlafenen Äuglein; Papp-Pluto, recht warm anscheinend, beredt, zugeneigt, aber wo's drauf ankommt, beim höllischen Bums aus Pappe; Prinz Pluto, sehr interessant in Rede, Auftritt, dem gewissen Etwas, man weiß nie, was er eigentlich will, scheinbar will er das ganz Andere, das Jenseitige, schwärmt von dem Reich, das nur ich kenne, gibt sich kundig; plötzlich läßt er den eisernen Vorhang runter und ist nicht mehr gesehen, nicht mehr ansprechbar, bricht Zusagen, die wie Verträge waren. Prinz Pluto ist der Gefährlichste, weil man ihm nicht unterstellt, er könne das wollen, was alle anderen wollen. Hinterher sagt man sich als Göttin: Es lag wohl auch an dieser Kleinigkeit, daß er ein aus dem Olymp verstoßener Pluto und damit ein ganz gewöhnlicher Mann war, der trotz aller Prinzlichkeit nicht über dieser lächerlichen, im Grunde häßlichen Mißbildung von Unterschied zwischen Mann und Frau stand. Die Krone? Das war eine Faschingskrone eines kleinen Karnevalprinzchens. Die Krone der Göttlichen strahlt jenseits der Mißbildungen des Natürlichen, Irdischen, und ist wie die nackten scharfen Raubtierzähne, die zuschlagen in die gefangene Beute, um dem Edlen das Notdürftige zu geben. Königin, Göttin Persephone braucht das Existenznotwendige für ihren Leib in der Plutokratie an Futter und Trank und Bädern und Cremes und Tinkturen und Parfums und Schminken und auch die zur Figur geronnene Idee eines Prachtpluto. Der in Wirklichkeit leider immer nur mal hopst wie ein Stehaufmännchen, aber als ein Gott, ein leibhaftiger König und Genosse in der Plutokratie nicht anzutreffen ist, immer nur mal für einen Hopser, und dann macht er schon müde Äuglein und schläft und geht ins Loch, in Löcher, in Löcherlöcher Senkgruben Sickerfelder bodenlos, unter die Akten, unter die Albträume, in die Verzweiflung an seiner Pracht, von der er sich eine Zacke abbricceht, sie beäugt, wiegt, schätzen läßt und vielleicht umtauscht: in einen Jaguar, einen Bungalow, eine Serie Aktien, Prachtpluto bricht sich im Laufe des Lebens alle Zacken ab, na, und es klappt dann auch nicht mehr so gut. Fast wie bei Papp-Pluto, der es noch nie zu einem Zacken gebracht hat, das Ding hing ja doch immer völlig schlaff und kam nicht hoch, auch nicht durch Streicheln und Küsse Persephones. Muß ja auch an sich nicht sein. Oh, diese Leute, vor allem in den Schenken und bei Feten und bei allen Lokaltreffen nach irgendwelchen Versammlungen, die da immer so tun, als müsse P. oder sämtliche alleinige Mädchen nur immer auf dem nächstbesten Kerl abfahren. Vor

allem die angeheirateten, und daher von den einsamen Mädchen in der Verwandschaft besonders irritierten Männer, aber auch die Bekannten, die Kollegen, alle die schon paarmal so ein in sich gekehrtes, abseits blickendes Mädchen trafen, warten auf den Moment, wo sie doch endlich anfangen soll zu blinzeln und Fühler ausstrecken und was einzufangen sich anzuschicken ihre Anstalten beginnt – und der ist vielleicht gar nicht danach, warum auch, die will vielleicht mehr nach oben und mehr abgehoben und nicht so bei ihrem Job von Ärger und Drangsal ausgehoben, und dann soll so ein Klitschfick mit Baßsound und haariger Rubbelwabbelei um ihre feine Seidenumhäutung ihr den Treffer bringen? Oh, behüte, setz den Hut auf, Hüte überall, die Krempe kann ja ruhig schick nach oben geschwungen sein, daß du so tust, als ob du blinzelst. Aber mit Gliedern starr wie Eis, nur ja nicht Fangaugen, Fangfinger wie Fässer aufmachen, in die es fließen soll. Da kommen tote Fische, Matsch, Pappiges. Die Plutos sind es ja, die angeln wollen und ihren Köderhaken rücksichtslos ins Weiche schlagen. Darum gib dich nicht weich, laß dich nicht ködern, auch wenn alle dir vorheucheln, wie süß es sei, so geschnappt zu werden. Und reiben sich alle alten Unholde und Vettelweiber die Nase, wie süß doch diese Blutspur aus dem Fangriß sei. Und Blut und Blut immerfort, soll fließen Blut.
Dann laßt doch die Frauen Aphrodite spielen. Wenn eine Aphrodite sein will. Wer Persephone ist, spielt nicht mit. Die weiß, es geht um den höllischen Bums, der nur einmal stimmt, der immer tiefer zieht, und der letzte Pluto ist Hades.
Schenkt Persephone die Rahmen und Projektoren und die Leinwand, die sie braucht für ihre Vögel als Nester. Eventuell auch die Augen in der Ferne, die Augen der Voyeure. Die Blumen aber und die Glupschaugen für Aphrodite.

VI

An einem kalten düsteren Sonntagmittag aus dem Blumenladen kommen mit einem in Glasklarfolie gebundenen und glanzschleifchenverzierten Wunderanemonenstrauß aus Lilablaurotorangeperlmutt für liebste Aphrodite, geladen zur Abendmahlzeit auf poliertem Antikmöbel in frisiertem Salon, kleine Höflichkeiten, kleine Artigkeit, die Einladung, das Mitbringsel, die vollendete Form zieht sich von Aphrodite zu Persephone zum Blumenkauf und zurück wie eine geschliffene Vase für bißchen Blühen und auch wie P.'s Pelzjacke und Hut auf diesem Wintergang. Und als sie die Straße entlanggeht, stört sie von weitem bereits der Anblick nackter Beine eines einzigen dunkelhäutigen Kindes in der leeren Straße der Kälte. Das Kind steht still da und scheint zu warten, auf Persephone zu warten oder auf wen, und sollte doch besser weglaufen oder grad in den Hauseingang laufen, in den sie wahrscheinlich gehört, denn dort wohnen solche verwahrlosten Dunkelhäutigen, manchmal mit ganzen Einkaufswagen voller Dosen vor der Haustür, aber wohl nicht imstande, dem kleinen Mädchen an einem kalten Tag Strümpfe anzuziehen, daß die Beine gefährlich blenden unter kurzem Kleid in leichten Schuhen in der düstere Straßen. P. fürchtet, sie müsse dem Mädchen sagen, es solle ins Haus gehen mit den nackten Beinen oder sich erkälten, möchte nicht die Tante mimen, schaut nicht hin im Vorbeigehen, aber das Mädchen hüpft auf sie zu: "Können Sie mir mal helfen, der Automat, ich hab Geld eingeworfen, es kommt nichts, können Sie mir mal helfen." Persephone ist schon weitergegangen, hat weder nach dem Kind, noch nach dem Automaten geschaut, aber etwa im Kopf, daß da an der Wand ein uralter, leerer, verlassener Automat mal gehangen haben muß, einer von denen, die nie funktionieren, und hat dem häßlichen, finster blickenden, jüngeren Mann verächtlich entgegengesehen, der die Straße auf sie zukommt und P. wegen ihres Prunkstraußes und ihrer Nichtachtung für das Kind mit bösem Blick straft und dann womöglich versuchen wird, den kaputten Automaten zu zerlegen, um das Geld zu retten. Jedoch wie ein Held sah er nicht aus. P. hat sich nicht noch einmal umgedreht, was er inszeniert haben mag. Immer bringen alle in festlicher Kleidung teure Blumensträuße zu Aphrodite und drehen sich nicht um.

Der zynische Prinz Pluto der dritten Ebene, der sie so ekelte, war sehr fern. Sie dachte nicht an ihn. Sie litt nicht. Sie arbeitete. Dabei brauchte sie Rat von Aphrodite, und diese, wie es ihren Launen entsprach, kam von der Rede und den Gedanken über die Arbeit ab und ergoß ihr Unglück, ihre Sehnsucht nach ihrem letzten Verschollenen, war es Herakles, Aphrodite jammerte um jeden, als verblute ihr Herz und mache sie zumindest bleich und alt in ihrem schön sein wollenden Gesicht, und sagte Aphrodite herzinnig: "Ich müßte nur mal wieder mit ihm schlafen", als wäre es dies, was alles in Gang bringt. Persephone sagte nichts dazu, aber spottete innerlich, verbarg ihren Ärger und verabschiedete sich bald von der Freundin. Trostlos versuchte sie, die Arbeit wiederzufinden, suchte nach der durch Aphrodite erst recht verdorbenen geistigen Klarheit und dachte an Plutos Klarheit, in der sie ihn geliebt hatte, wenn er gut beisammen war und nicht ins Häßliche abkippte. da erschien er ihr hell und nicht von der Düsternis und Verworrenheit des Hades, es war ein Gold reiner Entschiedenheit und runder Sanftmut ohne scharfe Spitzen. So fand sie Ruhe, aber auch Sehnsucht und lag im Bett, als fühle sie Plutos Liebe in ihrem Körper, genau als gleite sein Glied in ihrem Schoß, aber noch intensiver und wahrer, als dies jemals real zu vollziehen wäre. Es ging wohl die halbe Nacht, schien ihr, und am Morgen endlich meinte sie, sie müse mit Pluto sprechen und ihm dies sagen, es ginge nicht mit rechten Dingen zu. Jedoch sie ließ es, denn das Wenige, was sie von Pluto selten hörte, war spitz und scharf und kalt. Auch empfand sie dieses seltsame imaginäre Liebesspiel niemals wieder zu ihrer Beruhigung und wollte nichts damit zu tun haben.

Der Edelpluto und ein anderer wunderschöner Prinz hatten beide hoheitsvoll philosophiert: "Dieses bißchen Sexualität..." Sie hatten Frauen, die P. an sich ein bißchen beneidete. Aber: "Da möchte ich auch nicht die Frau sein, wenn die Männer das dann so abwerten." Zwar geht es sowieso meist ohne. Es muß immer etwas Besonderes sein, eine Sensation, und Kinderkriegen schon gar nicht. Dann ist es das Schönste auf der Welt. "Mein Land liegt nicht auf diesem Globus", obwohl es dieses Schönste nur hier geben kann, mit Pluto. Aber er scheint sich gar nichts daraus zu machen, höchstens beim ersten Mal stimmt's, dann wird es tödlich, besser kommt es nicht zum ersten Mal. Und mit zig Männchen im Bett rumgeturnt; nie mit den Geliebten.
Sie wissen das auch, die Plutos, verschweigen es, dichten sogar Hölderlin mit Susette und Kafka mit Milena in ihrer tierischen Sturheit Liebesgeschichten des Fleisches an und schämen sich nicht, dies mit der größten Selbstvertändlichkeit als Tatsache auszugeben, als seien sie selber dabei gewesen.
Es ist zwar völlig egal; war es, war es nur imaginiert, es ist eins das andere – aber die Plattheit der realistischen Behauptung!
Wollten solche Schwätzer doch, wenn schon vom Liebesspiel, dann von dem der Affen erzählen.

VII

... dann wird es tödlich. Der allerletzte Pluto, mit dem sie es lediglich gegen ihre Halluzination von Sex inszeniert, gibt sich auf der Stelle als Hades zu erkennen: "Wir müssen sofort aus der Wohnung. Ich habe Tötungsabsichten." Und P. denkt cool: Na, du wirkst doch eher wie ein gestörtes Knäblein..., macht sich straßenfertig, nimmts mordslüsterne Knäblein an der Hand, der will zur Polizei oder zu den Irren, na Bubi, komm man mit Mama ins Café, kriegst Cappucino mit nem Keks, na, du lachst ja wieder, ei was feine Schlagsahne, Mama bezahlts dir auch, aber laß dich nur nie wieder sehen und hören, du kleines Ferkel, das gern großen Mörder mimen möchte, lächerliches Stückchen Meuchelspaß, zisch ab und versteck dich!

Aufwachen wie aus Gold, mit einem Glücksgefühl in den Gliedern wie aus Gold, und nicht nur die goldnen Eierchen im Kopf, sondern die ganze Seele strahlend wie aus Gold und so als leibhaftige goldene Statue in den Tag gleiten.
Und der zynische Hades der dritten Ebene feixt: "Da hast du bestimmt was Säuisches geträumt..." Aber zu sehr hartem vernichtenden Gold geworden sein, das nur für den Sonnenschein flimmert und die Säue stechend zerstört. Vom Treppenhausfenster aus, wo sie unbeirrbar im Aufsteigen begriffen ist wie die Sonne, aber sich am Fenster Moment Zeit für zerstörerischen Filmblick auf die Kanaille von Prinz nimmt, der von der gewöhnlichen Straße aus gekonnt prinzlichen Augenaufschlag nach oben zum Fenster wirft: Sturmfluten von Beißzähnen packen und zerfletschen die edle blonde Prinzenmaske, kein einsames persönliches Gebiß, sondern ganze Ladungen von Einzelzähnen zerfletschen, bis nichts übrigbleibt und die Zähne

für sich kreisend rauschen. Aus dieser ruhig rauschenden Bewegung der spitzen Zähne kommt dann ein Tönchen, ein kleines Mausefiepen. Das konnte beim Zuhören an Zahnschmerz erinnern. Oder vielleicht fiepte auch der Geist der ins Nichts zerbissenen Kanaille.

3. Kapitel

Träumtraumata

Eine Bekannte trifft P. vor einem Theater der Metropole: "Ich habe neulich von dir geträumt. Ich war in deiner Wohnung. Die war lebensgefährlich. Da waren lauter Balkons. Und die hatten keine Brüstung."
Persephone: "Meine Wohnung ist entzückend. Balkon habe ich gar nicht. Aber von allen Fenstern des obersten Stocks schöne Aussicht in den Himmel."

I

Geh lieber nicht in die Läden, wo du dich so gern gehen läßt. Vielleicht lockt in den Holzregalen unter den Spiegelfronten der frische Spinat, und du wiegst dir große Portion, ist ja billig, und du weißt doch, daß im Kühlschrank noch Gemüse ist, nur für Appetit willst du Spinat. Und du kannst nicht beim Bäcker vorbeigehen, ohne noch für Kuchen reinzuschauen und willst natürlich dickes Stück, Käsetorte mit Obstgarnierung, reinweg aus Spaß. An der Pizzeria eilst du heute vorbei, aber wie oft hat es dich schon gelockt, und ist doch nur für Zeitvertreib und Lekkerbissen, das ist nur nach Mordsarbeit erlaubt. Aber zu Arbeiten fällt Persephone nichts mehr ein, als daß es hart und schwierig ist für das innere Auge, die Hand zu führen, und das Auge hat längst zuviel in Spiegelköstlichkeiten von Marktregalen geblickt und die Kuchenregale geprüft und sich an Theken von Pizzerien sattgegessen, statt in den grauen Himmel und graue Zeitungsnachrichten und grauen Unrat einzudringen, nur dort wachsen die Veilchen der Phantasie.

Denn in den Läden spielst du lieb Kind, willst was Hübsches für dich und allen gefallen und nettsein. Allein dann wieder weißt du, wie du dich hast gehen lassen. Hättst nicht liebe Blicke werfen sollen, sondern finster gradaus und vorbei, das ist das einzige, was sie verdienen, die Händler und das ganze Pack, das sich da vollfüllen läßt und Wohlbefinden kauft und noch für nen Fünfziger Stück Plausch dazu, da finden sie sich dann immer selber so geraten und gesund. Nicht wie dieses gehässige Pack mit dem Vogel, das ihnen häßliche Parolen an die Straßenfronten schreibt gegen einen Krieg, na, der war gleich wieder vorbei, aber die Parolen dagegen an den Mauern werden nun wohl bleiben bis zum nächsten, denn das zu übermalen kommt teuer. Haben wir bald düsteres unwegsames Gelände und wird im Karree Gerümpel aus Balkons hängen und Verkommenes im Hof liegen, das Arbeiter von gegenüber aufschichten und verbrennen, und immer mehr Gerümpel kommt hinzu für großes Feuer. Steht Persephone auf einem Balkon und sieht, wie die Gegend abbrennt, findets erleichternd und setzt sich neben einen sehr arroganten, sehr rationalen Kunstprofessor, der auf dem Balkon in einem Korbstuhl liegt und über Prozesse der Transformation doziert, spielt dabei mit einem erstaunlichen Kettchen an seinem Hals mit blauen Steinchen, aber in einiger Ängstlichkeit, er möge dieses Spielchen, das sie reinweg nur zur Unterhaltung treibt, leider mißverstehen, denn P. macht sich nichts aus diesem Gelehrten und seinen Sprüchen, hat sich dabei aber auch schon leibhaftig nach einer ganz anderen Gegend transformiert, wo nicht die engen, vollgepackten, überladenen Karrees brennen, sondern scheint sowas wie ein Fluglatz in weiträumigem Gelände, aber auch mit Hörsälen, Theaterbühnen, Galerien, sehr viel Leute, wohl Touristen, die alle eilen, da es anscheinend um Rettung geht, es geht um Rettung, denkt

Persephone, und fühlt sich bei den zahlreichen Eilenden, die alle in verschiedene Richtungen eilen, durchaus gut gelitten, denn keiner macht Miene, dem anderen zu schaden und in die Quere zu kommen, es will sich jeder anscheinend nur retten, das ist vernünftig. Bemerkt P. aber wieder Arbeitende, die die Koffer der Eilenden hüten und befördern, und während P. ihren Koffer schon zum Heimflug aufgegeben hat, hört sie von diesen Arbeitern, gewissermaßen als Ratschlag, ein Teil der eilig sich rettenden Touristen lasse den Koffer in Obhut in diesem Land, sie würden nächstes Jahr sowieso wiederkommen. Obwohl dies merkwürdig erscheint, denn das weiträumige Gelände wirkt total unwegsam und unwirtlich und verspricht nicht erholsames Hinterland, zugleich scheint ja die vormals wohnliche, vollgeladene Heimat mit den Balkons zur Zeit abzubrennen, wie grad gehabt, dennoch ist P.'s einziger Gedanke, dann habe sie wohl voreilig gehandelt, ihren Koffer wie üblich sofort vorm eigenen Rückflug aufzugeben, wenn die meisten ihn doch wie selbstverständlich hierlassen. Dann scheinen sie hier doch einiges zu erwarten, auch wenn sie sich grad retten wollen, wobei es ja sowieso zweifelhaft war, ob sie eigentlich zurückeilen wollten oder voraus ins Land. Jedenfalls sind diejenigen, die den Touristen die Arbeit abnehmen, sehr beschäftigt und machen zuversichtlichen Eindruck. Dieses aber mag eine Tarnung sein zur Beruhigung ihrer Touristen. Die eilen und eilen. Eilt auch P. Schon ist sie fort.

II

P. will zur renommierten Kunstakademie und kommt mit der U-Bahn in einer Ladenpassage an, wo am Ausgang ein Orientierungsplan hängt; aber nur mit Hinweisen auf sämtliche Kaufhäuser. Sie geht in die Ladengalerie und fragt eine Frau und einen Mann, die stumm und feierlich dastehen mit Religionsheftchen in den Händen, wie sie zur Kunstakademie kommt. "Wollen Sie dahin fahren?" fragt der Mann bedächtig, der jeden Tag sicherlich dortsteht. P. faßt sich an den Kopf, was auch so aussehen kann, als ob sie ihm einen Vogel zeigt, denn sie hat im Bruchteil einer Sekunde rekapituliert, daß sie auf jeden Fall an der richtigen Haltestelle ausgestiegen ist und der Kontaktmann ihr gesagt hatte, es sei ein Fußweg von acht Minuten. Sie fragt noch Leute, die alle keine Ahnung haben, schließlich eine Frau, die einen leeren Einkaufswagen die Passage entlangschiebt, warum bloß, die weiß es, nimmt sie und den Einkaufswagen die stufenlose Rolltreppe mit hoch, die extra für Einkaufswagen zu sein scheint ohne Stufen, und P. erzählt ihr auf dem Laufsteg von der idiotischen Orientierungstafel am U-Bahnausgang, wofür sie von entgegenkommenden abwährts fahrenden Leuten auf dem Nebensteg ein einverständiges Grinsen kriegt. Dann verläuft sich P. fast noch wegen Bauarbeiten, kommt in ein Parkgelände und erreicht schließlich die Akademie ganz abseits, ruhig und idyllisch. Nach ihrem erfolgversprechenden Besuch dort ist P. guter Laune und findet die Ladenpassage anschließend für erfolgreiche Leute gar nicht so übel, nimmt noch in einem Imbißgeschäft eine Fischsuppe, die teuer und fast ohne Fisch ist, eine andere Kundin gibt ihr kaltes Schollenfilet zurück, der Verkäufer macht ihr ein neues, sagt aber anzüglich: "Mehr wie hundert Grad hat die Platte nicht." Im Imbißlokal daneben setzt sich P. nochmal auf einen Barhocker, nur um eine Zigarette zu rauchen, dort sind auf den Tischchen Aschenbecher, überlegt dabei, ob jemand hinter der Theke mit der Kasse sie zur Rede stellen wird, daß sie etwas bestellen müsse, wenn sie Platz nehme. Aber nichts passiert, es ist hier eine so hervorragend anonyme Atmosphäre, daß niemand auf niemand achtet, nichtmal die Verkäufer, denen auch alles egal zu sein scheint. P. fährt ganz angenehm mit der U-Bahn, wo sie zwischen lauter japanischen Touristen sitzt, und passiert gar nichts, während grad auf dieser Strecke vor paar Tagen ein junger Mann von einer Bande Jugendlicher zusammengeschlagen sein soll, was ihr eine seltsame Bekannte erzählt hatte, worüber P. verwundert war.

III

Große häßliche Menschenaffen mit rotbraunem lockigen Fell fliegen in einiger Höhe und haben lange Eisenketten um den Hals, die sie auch mit den Armen halten und die lang und weit hinter ihnen fliegen, aber am Ende der beiden Kettenlängen ist je ein kleiner Vogel in einem Ring gefesselt und muß mitfliegen. Wir, P. und viele andere, sehen das, darunter stehend, und haben Angst um die Vögelchen und geben ihnen Ratschläge, sich zu befreien. Dann hält der Flug an. Ein Vogel kriegt in seinem Ring Bewegungsfreiheit, aber er kann sich nicht am Ende der Kette lösen, sondern muß mit seinem Ring, aus dem er nicht herauskann, die ganze Kette entlanggleiten zu dem Affen, wo aus irgendeinem Grund eher die Möglichkeit sein könnte, aus der Kette rauszukommen, andererseits die Gefahr, daß der Affe ihn frißt oder totschlägt. Der Vogel gleitet an der Kette zu dem Affen, und er fällt dann befreit herunter, wir konnten nicht beobachten, ob der Affe ihm etwas getan hat oder wie er aus der Kettenschlinge freikam. Er liegt zu unseren Füßen, und wir freuen uns, daß er befreit ist; aber er scheint verwundet.

IV

Nach einem kurzen Blickkontakt und Händedruck mit vieldeutigen, wahrscheinlich bedeutungslosen Worten oder nach einem knappen Telefongeraune, das als Echo durch eine Flucht von Wartesälen drang, flitzten die Affen, die sich zu Mäusen winzigten, allesamt rasch und unauffindbar wieder in ihre Löcher, in denen sie sich hinter Arbeitsstapeln verbunkerten und bleich und grau und mager durch schwerverdauliche Papiere fraßen. Wenn ein Mäuserich auf einen Fettfleck stieß, salbte ihm dieser süß die Zähne, sein erschlaffter Mäuseleib kam ins Vibrieren, er zischte hoch, raus aus dem Loch, zum Chefbunker, schwenkte triumphierend die ölige Schwarte: "Ich habe etwas Genießbares entdeckt, das wird uns sattmachen, bring diesen Fund groß raus.“ Der Obermäuserich roch daran und wähnte sich im Land der Schinken. Nun mußte man nur noch entscheiden, ob man die Schwarte mit dem Fettfleck als Lachsschinken oder als herberen Schwarzwälder, wenn nicht gar aus Ardennen anbot. "Man frißt den Namen mit“, sagte der Chef. "Ohne Namen ist es ja man nur ein Fettfleck.“ Die fast verhungerte Entdeckermaus leckte sich noch einmal den seltenen süßen Geschmack auf den Zähnen und begann einen sachkundigen Exkurs, an welche Sorte von Schinkenqualität dies ihn am ehesten erinnere, aber der Obermacher hatte schon die Kollegen aus anderen Bunkern zusammengepfiffen und das Weitere in die Hand genommen. "Sehr schön, sehr schön, nun wieder an dein Plätzchen, knabber dich durch zu einem weiteren Fleckchen.“ Mit dem Geschmack auf den Zähnen und leerem Magen kroch der magere Mäuserich ganz langsam den Weg zurück. "Aber Meister, so müde?“ kam ein junger Künstler des Wegs. "Ein Gläschen aus meinem Schaffen wird Sie erfrischen“, und er tröpfelte ihm was Scharfes, Geistiges vor. "Gleich", stöhnte der Überraschte. Dann wurde ihm weich, er kippte in die Arme des Spenders. "Das, davon, davon mehr." Aber es war schon ein Tropfen zuviel gewesen. Der Künstler brachte den wankenden Meistermäuserich zu seinen Freunden in ein Atelier, wo sie so taten, als lebten und arbeiteten und liebten und kochten und speisten sie, und da päppelten sie das Mäuschen auf, daß er groß und stark und vergnügt und umgänglich und wieder Affe war und in sein altes Loch nicht mehr gepaßt, einen maßgerechteren neuen Bunker aber nicht mehr gesucht, wohl auch nicht gefunden hätte. Aber an sich mußte es die wohl noch geben, dachte P., genau so wie es für die Vögelchen die Käfige gibt.

V

Ich bin in einem großen Saal mit ansteigenden Rängen, Tischen, Stühlen, vielen Leuten. Viele mir unangenehme Bekannte aus dem Kunstverein erledigen dort etwas, laufen herum, sitzen, es könnte so etwas wie ein Messebetrieb sein oder eine Tagung, ein Seminar, es gibt auch vorn in der Mitte ein Podium, und man wartet auf etwas. Ich fühle mich ziemlich ärgerlich, unbefriedigt, möchte mich mit irgendeinem Projekt, einem Vogelei, an die richtige Adresse bringen, um es in ein Nest zu legen, aber es sind nur unangenehme Leute da. Plötzlich dreht sich ein fremder Mann nach mir um, wir glauben uns zu erkennen, als seien wir alte Bekannte, er freut sich riesig, am ganzen Körper freut er sich, weiß instinktiv oder durch Information, was ich für einen Wunsch habe, nimmt mich sofort ohne Peinlichkeiten in seine Regie, die Damen um mich rum sind beeindruckt und verblüfft: Der will P. lancieren, der will sie fliegen lassen...

VI

Wieder sehr viele Leute und Lokalitäten im Gelände und ein unsympathischer Mann preßt P. an den Brüsten an sich, sie befreit sich mühsam, er steht als ein rotgelockter großer buckliger Hund da, und P. springt auf ein Sofa mit nackten Füßen und beschimpft ihn zum Gelächter der Umstehenden als Teufel, der sich die Gestalt eines Hundes gegeben hat.

VII

Es war, aus welchem Grund auch immer, wiederum eine Verfolgungsjagd in einer großen, verschachtelten Geräumigkeit und drohte tödlich zu enden. P. sprang ab, bemerkte noch im letzten Moment, daß sowas wie eine Begleiterin, war es am Ende Artemis?, hinter ihr gewaltsam festgehalten wurde, aber Persephone war schon abgesprungen, senkrecht, kerzengrad, in sowas wie einem enganliegenden Trikot, sie sprang ganz gerade, wenn auch in diesem Moment nicht siegesgewiß, daß unten Wasser, etwas Weiches, Nachgiebiges wäre, aber oh Wunder, sie spürte keinerlei Aufprall, nichtmal federnden Widerstand, sie landete wie ein Ballon und eilte und sprang gleich weiter, von neuem, in Wahrnehmung, die Verfolgungsjagd sei nicht beendet, sprang und sprang und flog; bis sie aus dem Verfolgungstraum erwachte, im Gefühl, sich freigesprungen zu haben und sicher gelandet zu sein. Wo? In der heilen Haut, mit ruhigen Nerven und tief befriedigt.

VIII

Ein gemeinsames Fliegen auf eine blaue Bühne zu, auf der ein schwarzer geschlossener Flügel steht, aus dem es regnet.
Es regnet nach allen Seiten, auch nach oben. Der Flügel ist geschlossen und steht auf dem Podest. Wir wundern uns nicht. Als hätten wir darauf gewartet.

4. Kapitel

Mars. – Nichts. – Bilder.

I

Es war ein warmer sonniger Oktobersonntag. Soll Persephone in ihrem erstaunlichen Garten, wo gestern beim Ausrupfen der welken Bohnenstauden ein großer goldener Frosch der Freundin Artemis fast in die Hand sprang, noch das letzte Rasenmähen des Jahres zaubern und in der Röte von Rosen und Dahlien im gelblich werdenden Laubgrün Abschied nehmen von der Erinnerungsspur aus Demeters Reich? Auch die Metropole der Plutokratie verspricht Farben in ihren Palästen am Ufer des Flusses, und gerade wird das dunkle, kantige Leuchten Beckmanns ausgestellt. Da zieht Persephone ein warmes, aber sommerliches Streifenkleid an und lila Strümpfe, Prinzessinnenschuhe, ein lila Umhangtuch und eine winzige Tasche aus gestickten Perlen mit Blumenmuster, die ist uralt. Die Haare sind gewaschen und liegen lockig glänzend, die Schminke paßt. Nun zählt sie in den U-Bahnen und auf den unterirdischen Umsteigegruselkellern zu den wenigen lebenden Ausstellungsstücken einer besseren Welt, deren Ritual darin besteht, Aufmerksamkeit auf sich zu ziehen und selber nach innen oder ins Leere zu blicken, nicht zuletzt aus Selbstschutz. Dennoch ruft ihr ein auf den Banksitzen eines Bahnhofs fast liegender ungepflegter älterer Mann, an dem sie ohne Beachtung vorbeiging, hinterher: Gestreifte Kleider sind nicht schön; eine adrette Frau, die gar nicht zu ihm gehört, aber schwatzen möchte, sagt in Persephones Rücken irgendetwas von Mode; in der U-Bahn, die dann alle besteigen, unterhält der heruntergekommene, betagte Biedermann anschließend die Fahrgäste mit der humorigen Darstellung, daß Leute ihm schon Geld hätten zustecken wollen, weil sie ihn doch tatsächlich für einen Bettler gehalten hätten. Zuvor war Persephone aus den U-Bahnkanälen eigentlich bereits heraus gewesen, um über die Brücke zu den Museen zu laufen. Da hatte vorm Theater ein gepflegter Senior gestanden, mit einem Koffer neben sich, wie ein Reisender und fremd, und hatte immer auf den großen gemeinnützigen Bankturm davor gestarrt, als sähe er ihn zum ersten Mal, und suche da irgendetwas, oder zähle an dem Turm etwas nach; Persephone, die auf ihn zu und an ihm vorbeigehen mußte, betrachtete ihn prüfend und neugierig, denn sie war ja nicht mehr in den Gruselkellerbahnen; aber der Fremde bemerkte es nicht, nichts lenkte seine Aufmerksamkeit von diesem großen Metropolenturm ab, als sollten seine Blicke ihn für die Weiterreise fotographieren. Aber dann war die ganze Brücke versperrt gewesen, wovon Persephone schon gehört hatte, aber doch ein Fußgängerrecht zu haben glaubte, was sich als irriges Sicherheitsgefühl herausstellte; und sie mußte also zurücklaufen und unter der Brücke hindurchfahren und dann zum Fluß zurück und die Museenstraße mit Bauarbeiten am Fluß entlanglaufen; und ständig fühlte sie ihre Auffälligkeit durch ihre blauweißlila Sommerfarben an diesem späten Oktobertag, meinte nur, man würde sich denken können seit ihrem Aufbruch, daß sie in diesem Putz in die Beckmann-Ausstellung wolle; jedoch dann im Museum an der Kasse überlegten alle Leute, ob sie wohl diesen besonderen Beckmann sehen wollten, denn er kostete zehn Mark, oder ob sie die große allgemeine Galerie, die heute umsonst war, besuchen sollten, und sie schienen alle nur irgendetwas Ausgestelltes sehen zu wollen, wie in den City-Schaufernstern, oder im Zoo, oder auf den Rummelplätzen; und vor den Beckmann-Gemälden und -Graphiken war dann auch Geschiebe und Drängen und Vorbeilaufen, wie P. es in dieser Stadt schon immer erlebt hatte, aber früher einmal, anderswo, nur vor den Affenkäfigen. Dann sah sie sich genauer die Blätter zu Faust an und auch den Ausstellungskatalog, der dort lag und grad bei den Faust-Graphiken aufgeschlagen war, und staunte sehr. Im Gegensatz zu Goethe habe Beckmann die Erlösung nicht im tätigen Leben, sondern in der Befreiung der Kunst gefunden, stand da in schönen Ausführungen. Aber die Skizzen waren sehr hart, fast brutal, von der Brutalität des Realen, und vom Krieg, wie der Mensch Krieg macht. Im Katalog stand auch vom Krieg, daß eine gute Schriftgießerei glücklicherweise, erstaunlicherweise einige der Blätter damals noch reproduzieren konnte und daß Beckmann ein versehrtes Exemplar des Faustbuches ins Exil nachgeschickt werden konnte, damit er den Text für seine Zeichnungen hatte. Ja, der auch; sehr harte, reale Gruselkeller unter den Bomben über Holland für die Kunst. Für die weitere Ausstellung Beckmanns in dem grad eröffneten Neubau soll P. die Treppe hinaufgehen und geradeaus durch den Saal und dann nach rechts, und befolgt dies alles, findet aber das Gesuchte nicht, fragt eine Gruppe von vier Aufsehern und einer Aufseherin, die dort anscheinend grad Konferenz halten, welche sie aufklären, sie selber hätten diesen Teil der Ausstellung auch noch nicht gefunden, und die übrigen Besucher betrachten, was an den Wänden hängt, oder gehen daran vorbei, da tritt P. ärgerlich den Rückweg an, und die Frau unter den Aufsehern ruft ihr noch solidarisch hinterher: Es ist unerhört, da zeigen sie groß diese Ausstellung an und Neubau, und dann findet man es nicht; jedoch am Fuß der Treppe eine Informierdame erklärt P. wiederum, sie müsse die Treppe hinaufgehen und durch den großen Saal und dann nach rechts, das weiß diese Dame hier unten ganz genau, nur ihre Kollegen oben in der Nähe des Gesuchten sind ratlos. Jedenfalls herrscht reger Betrieb und ist ja auch großes Museum, an diesem Sonntag mit freiem Durchlauf. Läuft P. zurück zum Platz für die U Bahn, möchte eigentlich einen Kaffee, aber bloß nicht zu diesen bleichgesichtigen, vermutlich Süchtigen vor so einem Zeitungs-Café; und Cafés in dieser Stadt, die stehen nicht dicht und einladend und nah, wo man grad hinkommt. So etwas Übliches, worauf man gern Appetit hat, noch dazu an sonnigen Oktobersonntagen und in zauberhafter Kleidung, und so etwas Besonderes an Leuchten in grad eröffneten und angezeigten Ausstellungen, das sucht man in dieser Stadt der Plutokratie vergebens. Behauptet dann immer jemand, es sei ein ganz direkter leichter Weg. Wer ihn sucht, läßt es rasch bleiben, weil schon zu oft verlaufen und betrogen. Oder sucht sich krank und kaputt.

II

Aber Persephone hatte einmal wieder den Triumph des anderen Reiches zwischen der verfolgenden Nichtachtung und unter dem Grauenhaften der Zerstörung auf Bildern für Momente leibhaftig leuchten sehen. Das wußte sie: Man muß alles sublimieren können, nicht abstrakt, sondern durch die konkrete künstlerische Form, die das einzig Bleibende ist. Schon die Gigantomachie des Pergamonaltars ist die konkrete Sublimierung von Gewalt und Krieg.
Nur den Verlust von Adressaten und Publikum dieser Sublimationsprodukte kann man nicht mehr sublimieren. Es muß immer der Kontakt einer Rezeption da sein für die Sublimationsproduktion der Kunstwerke.
Übrigens stimmt in der Tat: Krieg kann man noch künstlerisch sublimieren. Aber Faschismus nicht. Das Aussondern, Denunzieren, mechanisch Vernichten.

Allerdings ist ein Krieg, der durch die enorme Sublimierungsleistung der Zerstörungstechnik alles Leben und die ganze Erde gefährdet, auch ein nicht mehr gezielter, verselbständigter Faschismus. Denn der Geist, der einmal gesprochen hat und empfangen wurde, stirbt dann auch, da es keine Empfänger mehr gibt. Kann es Geist Gottes geben, wenn es keine Menschen mehr gibt? Es ist dies nicht vorstellbar.
Die Plutokratie ist für Persephone nur zu ertragen, indem sie sich durch geistig-künstlerische Arbeit davon absetzt. Aber eben daran hat die Plutokratie keinen Bedarf. Folglich schafft P. im luftleeren Raum, im Nichts. Hoffen? Zwischen den Kriegen, die auf äußerst raffinierte Weise geistfeindlich sind, auf eine Leuchtspur des Lebendigen hoffen.
Ob nun Leute sagen, dieser Krieg darf nicht sein, oder ob Leute sagen, dieser Krieg mußte sein, sonst wäre es in einigen Jahren noch schlimmer gekommen, ist ganz egal. Der Krieg ist Faktum mit seinen Konsequenzen von Mord und Zerstörung, und er hat in der Entstehung seine Logik.
Die schöne Aphrodite verliert dabei Persephones Liebe. Aphrodite, für die von den Siegern mit ihren strahlenden fliegenden Waffen eine Faszination ausgeht, die Faszination des Phallus; Aphrodite liebt Mars und seine siegreichen Krieger. Artemis beschimpft Aphrodite. Artemis ist die weibliche, individuelle, wendige, im Grunde weiche Jägerin, die das Totale von Mars bekämpft und für die Schwachen jagt. Auch Persephone bricht mit Aphrodite, deren Liebreiz zu sehr eine Weiblichkeit für Mars ist, weil sie durch die Faszination der Waffen verlockt wird, sich den Siegern zu verbünden.
Oh, Aphrodite, du wirst weiterhin liebreizend und lieb und im Geist ein einfältiges harmloses Weibchen sein. Aber weil du dich von den Starken angezogen fühlst auf

dem weichen Bett des Wohllebens, erhält Mars von dir die Kraft zurück und fühlt sich im Recht. Dieses unglückselig schöne Bild: Mars mit Aphrodite eins. Persephone sieht es vor dem Hintergrund der Toten und Elenden, die das neckische Paar nicht beachtet und sich süß in die Augen blinzelt. Sie sieht es, aber sie malt es nicht. Scheußlichkeit wird ständig real gefilmt.

III

Es ist an sich immer diese furchtbare Angst, aus der ich malen muß. Ich fliehe in meinen kleinen Garten in der Plutokratie, fürchte mich vor den Jagdbombern, die darüber ihre Übungen machen, erschrecke auch vor den Jumbojets und wie nur Passagiere es da oben aushalten, verletze mich an der Gartennachbarin mit ihrem sauberen geputzten Friedhof, durch den sie eine Bekannte führt und immer mit Grabesstimme murmelt: Ja, macht alles viel Arbeit, und dabei durch den Zaun vorwurfsvolle Blikke auf meine grüne Wildnis wirft. Dann blicke ich intensiver auf meine Rosen und will nichts anderes sehen als Rosen, und blicke auf meine rötlichen Fische, ob sie es gut haben, meine Augen beginnen Gespräche mit den Sommerrosen, die Fische schwimmen nur für mich, ich muß sie lieben, ich muß sie malen, sie müssen, weil sie das Glück an sich sind, noch einmal da sein auf meinen Bildern, daß sie nicht so rasch welken und bleichen. Und ich zeige meine Wunderrosen und Zauberfische den Leuten in der Plutokratie. "Was?! – Dieses Idyll?! – Wo sind die Bomber darüber geblieben? Wo stecken die gräßlichen Nachbarn? Wo ist die Angst? Wir sehen nur was Liebes, und das gibt es bekanntlich nicht.“ Wieder gehe ich in meinen Garten. Die Rosen blicken fremd, die Fische holen nur ihr Futter und verschwinden dann auf den Grund, das Unkraut spreizt sich widerwärtig. Ich male und male, ich will die Rosen verführen, daß sie mich für immer erkennen, und die Fische, daß sie wieder für mich schwimmen. Vor allem muß ich irgendwie das Unkraut wegzaubern, ja das wollen sie sehen, Berge von Unkraut die wegtransportiert werden, Schrotthalden von Flugzeugen, die entsorgt und wiederverwertet werden zu... zu etwas Brauchbarem... was kann man aus Flugzeugen machen?... oh, technisches Recycling findet Persephone zu schwierig zu zeichnen und zu malen, aber auf der Fahrt durch die City der Plutokratie sah sie an einer häßlichen Kreuzung einen Bund Luftballons, die da unerklärlich aufstiegen und davonflogen, man wußte nicht woher, na bitte, bekanntlich gibt es das nicht, war trotzdem so, malt Persophone die Rosen und die Fische und die Luftballons, und schon ist kein Unkraut mehr zu sehen, die Flugzeuge schweigen, die Nachbarn lächeln, die Leute in den Galerien mögen es etwas naiv oder etwas albern finden, aber wegen ihres Bildes blicken die Rosen und die Fische Persephone wieder an, und das Zusammensein mit ihnen verjagt die Angst, verjagt auch die Realität von Jagdbombern und Redereien der Umgebung, du und du, nichts anderes mehr, du Rose und du Persephone, du Persephone und ihr Fische, wir reden wie damals, dazumal, abgetrieben aus jenem anderen Reich, aber plötzlich auch hier, oh Rose, du Fisch, wie damals.

IV

Mit jenem Strom der Unruhe aus weltlicher Unsicherheit in Kopf und Körper vom Garten mit den Rosen und Fischen und den Bildern von Rosen und Fischen heimfahren

und die Gesichter in der Bahn teils suchen, teils sehr rasch abweisen, weil zuviel harter Lärm von ihnen ausgeht, und mit der Unruhe durch die Straßen gehen und dann – – auf sämtlichen Platten kochen und großes Wirrwarr und warme Schmatzschmutzerei anrichten und den Punkt, den Punkt suchen; welchen Punkt, vielleicht sollte sie doch Pluto malen, wenn sie schon Mars nicht malt, denkt P., Bilder von Pluto, von vielen Plutos, von den Plutos auf Nimmerwiedersehen, und vielleicht ja doch den Pluto als solchen, der sie anzog und mitnahm, sonst wäre sie nicht hier. Aber da ist plötzlich bei diesem Gedanken große Leere und auch endlich Ruhe: Kein einziges Bild eines Pluto drängt sich ihr auf und verlangt nach Konterfei. Höchstens als Fratzen. Aber an sich steht Persephone ja immer der Sinn danach, 'schöne' Bilder zu malen, ach, diese Idee in Verbindung mit Pluto ist amüsant. Also sieht P. zunächst auf ihre eigenen Portaits; einsame Augen, traurige Augen, nach innen gewandte Augen. Ja, mit den Fischen, da wurden Blicke gewechselt und mit den Rosen. Mit Pluto? Und wieder sieht sie rein gar nichts vor sich. Kein Bedürfnis, irgendetwas mit dem inneren Auge zu sehen, das Pluto vorstellen könnte. Es scheint ihn nicht mehr zu geben.
Aber sehr viel Krauses, Krummes, Verkehrtes schwirrt unruhig im Untergrund, das keine Ahnung hat von Fischen und von Rosen. Zwiespältig malt und filmt Persephone solche Dinge.

V

P. filmt: die Einsamkeit des Taxifahrers.
Persephone beobachtet aus dem Fenster, wie ein Taxi an der Kreuzung mühsam im Dunkeln eine Hausnummer

sucht und sich dann in einen Parkplatz mogelt, der Fahrer aussteigt und an der Haustür klingelt, eine Weile wartet, anscheinend an der Sprechanlage nichts hört, dann nach oben einen Blick auf die Etagen wirft, wo kein einziges Fenster erleuchtet ist am späten Abend, ein schlafendes, totes Haus. Der Taxifahrer kehrt zum Wagen zurück, hört auf seinen Funk, sitzt noch eine Weile bei geöffneter Tür und wartet. Dann schließt er die Tür und fährt weiter.
P. hat alles gefilmt.
Die Einsamkeit des Taxifahrers ist nur zu erlösen, wenn P. diesen Film anderen Einsamen, die vergebliche Wege machen, im Kino zeigt.
Vor allem hat der Taxifahrer ein Geschäft versäumt.
Dieser Ärger, das verlorene Geld, die ergebnislose Mühe, und die Kinobesucher haben Geld beim Eintritt verloren, P. wird kein Geld kriegen.
Insgeheim filmt sie ja auch dafür. Und zu Recht.

Und P. filmt die Einsamkeit der Mutter mit Kind:
Eine schäbig angezogene junge Frau mit Sandalen bei kühlem Wetter und einem verhärmten Gesicht kauft mit ihrem kleinen Jungen ein paar nützliche, bescheidene Lebensmittel im billigsten Supermarkt, und der Junge beguckt die Süßigkeiten an der Kasse, wovon seine Mutter ihn wegzieht und dabei sagt: Du hast zu Hause noch Kaugummi. Dann gehen sie die Straße entlang, und der Junge will noch zu einem Kiosk und ein Eis mitnehmen. Aber die Mutter sagt: Nein. Dann sagt deine Schwester, was hat der da, dann will ich das auch – und ich kann das nicht kaufen, das ist zuviel Geld; und so, als wolle sie ihm etwas beibringen, sehr ernst und als die oberste Weisheit: "das kostet alles Geld." Der Junge kriegt einen Weinkrampf in tiefster Verzweiflung, läuft aber gehorsam mit der Mutter, die sehr unglücklich wirkt.

VI

P. denkt sich einen fiktiven Kunstfilm aus, wie sie immer wieder mit ein paar, ihr grad lieben Leuten in einer Luftgondel hochsteigt, ganz hoch und weit über dem Irdischen fliegt. Wie aber auch alle anderen, auch die Werktätigen und ganz Armen, immer wieder mit ihren jeweils Liebsten hochsteigen und in der Einsamkeit nur für ein wenig angenehmes Miteinander auffliegen können und es schön haben. Ob sie es überhaupt wollen? Daß sie ständig verreisen (was P. abscheulich findet), daß sie einkaufen gehen, in die Warenhäuser gehen, rumfahren, ausgehen, ist an sich ein Beweis dafür. Sie möchten im Grunde auffliegen und mit ein paar Leuten es schön haben und das Übliche nicht mehr mitmachen, suchen diese Luftschlösser aber notgedrungen immer innerhalb des Üblichen. Die Phantasie ist auch ein zu armseliger Vogel. Denn das Übliche ist mächtig. Immer sein eigener Vogel sein und innerhalb des Üblichen fliegen, sich in Nester kauern und aufplustern.
P. mit der Sehnsucht nach dem anderen Reich.

Während im öligen Meer des Krieges große besondere Vögel schwere Flügel hängen lassen und ertrinken, sieht Persephone einen Film aus ihrem Fenster in der Abenddämmerung an einem kalten Tag. Die Kastanienkuppel hat auf einmal nicht mehr die winterlichen, erschreckend klaren Zweige, sondern wie Früchte hängen lauter Vögel, größere Vögel in den Baumkronen, und manchmal fliegt einer auf, setzt sich dann wieder. Dann fliegen plötzlich sämtliche Vögel in einem Schwarm aus der Kuppel hoch und durch den Himmel. Die Kastanienkrone ist wieder leer.
Lebhafte Vögel, gelähmte Vögel. Beides auf einmal erblikken, macht die traurigen einsamen Augen nach innen.

Eine Folge von grauen Flächenbildern, etwas dunkler grau, etwas heller werdend, Folgen von etwas wechselhaftem Grau, sehr lange, man ahnt kein Ende, nur Ruhe, nur Grau. Eventuell Himmel, aber ohne Konturen von Wolken, bedeckter Himmel, vielleicht auch Meeresfläche ohne stürmische Wogen, oder Wüste, großer Rauch, Felle grauer Tiere massenhaft, Dunst und Nebel undurchsichtig. Dies als ein langer Film ohne Ende. Und man vergißt die Linien, die Bewegung, die Natürliches, Menschliches meint, Hast, Attacke, Drang. Weggesunken, vergangen, unter Folgen grauer Flächen als Film der stummen Endlosigkeit, der durch die Augen in die Köpfe dringt und die grauen Zellen dort ganz weit und weich sich angleicht: Wir wollten es nie so scharf und grell und kantig. Nun sehen wir mit eigenen Augen den Frieden, Flächen an Flächen, sonst nichts. Das ist so etwas wie das Nichts.

VII

Laßt mich malen und zeichnen und filmen! Indem ihr mir in eurem Produktionscircus einen Platz gebt! Ohne den, ohne euch, verklebt es mir den Kopf, und die Hand kann nicht arbeiten. Ich brauche es aber, daß der Kopf konstruiert und die Hand sich mit den Zeichen bewegt. Ich habe es ja wohl aus dem Land meiner Herkunft, in das ich nicht leibhaftig zurückkehren kann, nur mit diesen Zeichen von Kopf und Hand. Solange der Winter bei euch währt, macht mir diese Arbeit möglich. Im Frühling, da werde ich das Eigene, mein Leben finden in Gärten, wo ihr nie sein könnt. Aber euer tödliches Nichts tötet meine Geduld. Ihr wollt ja nicht die Bilder des Göttlichen. Und vom Frühling und von der Stille einer reifenden Ernte seid

ihr so fern. Da kamen Persephone Filmbilder, wie sie in einem Maisfeld die reifen Kolben abbricht und sich mit den Zähnen die süßen saftigen Körner abbeißt und über mehrere Kolben hin langsam, lange sättigt. Wie aber die Kurorttouristen in snobishen Lokalen bei Kassettenmusik von riesigen Fleischtellern kauen und breit sitzen und kauen mit Gebräu im Kopf und starren Augen am Kopf und plattem Gespitz von Mund zu Mund, vor dem Geröhr aus dem Lautsprecher, triefendste Volksmusik, und mit dem heißen Fleischigen in Mund und Schlund, geschnitten von Persephone, die im Feld die Kolben luftig bricht und in der Luft Körner abbeißt, und süß und lange Luft und Laufen mit süßem Beißen von klebrigen Kolben, hellgrün, fast hellgelb. Dagegen eine Dame, die, was sie hat und was sie weiß und was sie kann, wohl durch Maismenues demonstriert, wahrscheinlich am Abend für distinguierte Gäste, die dann kauend demonstrieren werden, was sie haben und wissen und können, zunächst aber einmal an einem exquisiten Gemüsestand in der City, was sie ist, demonstriert, indem sie einen ganzen Beutel von mehreren Kilo erstaunlich kostbarer Maiskolben, nebst einigem Zubehör, erwirbt. Einen Beutel?
P. stutzt beim Filmen. Die Dame wäre besser mit geflochtenem riesigen Einkaufskorb ins Bild zu bringen.
Jedoch die Dame hat es eilig, viele Termine, sie kommt nicht von zu Hause, sondern werweißwoher, sie läßt sich an diesem edlen Obstundgemüsestand in der City die kostspielige Ladung Maiskolben in einen großen Beutel verpacken, den sie dann rasch auf dem Rücksitz ihres eher mittelmäßigen Wagens verbirgt. Nein, diese Dame imponiert ihren Freunden nicht mit einem erstklassigen Sportwagen, sondern mit in Butter geröstetem und überbackenem Mais. Bei klassischer Musik und sehr feinen Nuancen der Konversation.

P. aber dachte: Für wen die Filme? Selbst wenn du den Platz kriegst? Für die dumpfen Wiederkäuer mit dem Geröhr und Gebräu? Für die Damen, die nach lässigen Terminen in feine Salons einladen? Laß sein. Bilder im Kopf.

Nicht alle finden den Frühling, die Vögel, den Mais an den Kolben, vielleicht ist das vorbei. Aber sie blicken doch, wenn es sie nicht erstickt, mit einem Drang: Nach Geld, nach bißchen Liebe, nach Taten. Persephone hatte nicht die Verachtung, die Plutokratie an Mars verfallen zu lassen. Man konnte es, solange die Zeit bestimmt war, in der Plutokratie aushalten. Wenn es nur möglich blieb, sich durch Demeters Bilder immer wieder in das andere Reich zu katapultieren.

5. Kapitel

Die Augen der Chamäleons. – Neuere Nachrichten von Haben und Nichthaben

I

Sogar in der Plutokratie kann es im Spätsommer einen gelungen blauen und sonnigen Demeterhimmel geben, der nicht mehr grell sticht und schwül drückt wie im Juli, und die Ernte dankt für Mühe reichlich mit prallen Tomatensträußen, die auch danach schmecken, und immer wieder neuen Zucchini und Wachsbohnen in Persephones heimlichem Garten; der Kohl versucht, die ihm anstehende Wulstigkeit zu erreichen, und die Rosen versprechen ewigen Sommer. Ein fortwährendes Gartenfest feiert still vor sich hin in seiner göttlichen Vollendung, und warum kann es nie Menschenaugen darin geben, warum verlangen sie nicht nach einem Zuschauerplatz in diesem grünen Paradies. Die schöne Aphrodite soll sich Geselligkeit bei Mars und seinesgleichen holen; die behende Artemis reist und jagt und kann nicht der Ruhe genießen. Aber Persephone würde auch einmal eine oder einen dieser weniger vollendeten Menschlein zu Gast nehmen, um nicht in der seligen Einsamkeit ihres Zaubergartens nur die stumme Sprache des Einvernehmens mit Fischen, Libellen, Schmetterlingen und immer wieder diesen leuchtenden Rosen zu führen, deren Jubel so groß ist, da er das Ohr übersteigt. Niemand hat Zeit und Sinn, sich dieser ungeheuren Pracht im Reiche Demeters hinzugeben und zu staunen und die paar gewöhnlichen Worte mit P. zu wechseln, die es dann noch zu sagen gäbe. Nein, da müßte sie erst ein plutokratisches Unterhaltungsfest geben, mit Grill und Alkohol und Rederei von geschätzten Gästen aus deren stolzem Kunstverein, und der göttliche Garten wäre dann nur dekorative

Kulisse. Das tut sie ihm nicht an, wer den nicht genießen und bewundern will um seiner selbst, der soll doch ackern und sich amüsieren, wo der Pfeffer und alles Reizende wächst. Dann also keine Gesellschaft, und mit den Bildern der Natur und den Bildern der Phantasie in Ruhe glücklich, aber so allein wie jene gehetzte, verhärmte Mutter mit ihrem kleinen Mädchen im vollbesetzten Bus, die der fremden jungen Frau ihr gegenüber erzählt: "Die Kindergärten sind verkommen, man muß sich schämen, ich war im neuen Museum für die moderne Kunst, da haben sie Geld für, was die ausstellen, wenn mans auf der Straße finden würde, man würd es in den Müll tun, aber für die Kinder ist kein Geld da. Und wenn die Kleinigkeiten nicht wären, ein Taxifahrer eben schreit mich an, seine Tür stand offen, meine Tochter hat nur mal hineingesehen, wollte nur mal sehen, was drinnen ist, er schreit mich an, ich soll auf meine Tochter aufpassen." Und die junge Frau ihr gegenüber und lauter alte Frauen, Großmütter, in den Reihen dahinter, hören ihr aufmerksam zu, und eine alte Frau zu ihrer fremden Sitznachbarin: "Ja, was soll man machen mit den Kindern, man kann sie nur betreuen", und beide nicken, ratlos, während die Mutter immer das kleine Mädchen auf den Schoß nimmt, wenn der Platz neben ihr gebraucht wird, und aus dem Fenster zeigt, fragt: "Was ist das?" Das Kind weiß es schon: "Bau"; ein riesiges, superelegantes Bürogebäude, das im Bau ist; dann die Mutter: "Und jetzt kommt eine Tankstelle", das kann das Kind noch nicht wissen, das lernt es jetzt und horcht und guckt aufmerksam; und die alte Frau murmelt: "Ja, was soll man machen, man kann sie nur betreuen", die andere nickt ratlos; und alle diese älteren und jüngeren Frauen brauchen weder das teure Versicherungshochhaus, das im Bau ist, noch die Tankstelle und kommen sich so rumgeschoben und mißachtet vor, daß sie nicht mitgleiten in der italienisch anmutenden Leichtigkeit durchgeistigter Spannungen im großzügig geschenkten Museum für moderne Kunst der Glücklicheren, sondern sie fahren auf den Friedhof, Gräber pflegen, oder die Mutter mit dem Kind in den Wald, "was ist das", Bäume zeigen. An so einem leuchtend gelungenen Spätsommertag fahren sie gehetzt und gedrängt, aber einsam unter das Blau, um dem Sammelsurium der Metropole zu entgehen, die gerade ungebeten Prospekte in alle Briefkästen verteilt, wie gesellig und gekonnt es sich in ihr leben lasse.

II

An sich will Persephone so wenig wie möglich mit den Angelegenheiten dieser Metropole zu tun haben und zieht sich in heimliche Gärten und geheime Bilder zurück. Jedoch da soll es neuerdings für Minderverdienende einen Stadtpaß geben, mit dem Zutritt zu sowas wie Museen und Theatern umsonst sei, und auch die U-Bahn nett billiger. P. malt sich das ganz traumhaft aus und findet den Senat sehr liebenswürdig. Eilt also zu der Antragsstelle, nimmt Platz. Breitet einer bieder höflichen Dame ihre Einkommensteuerbescheide aus, wo als einzuziehende Steuer freundlicherweise immer eine Null steht, und fühlt sich sehr berechtigt. Die Dame entschwindet mit den Papieren zum Chef und kommt bedauernd zurück, dem Antrag könne nicht stattgegeben werden, sei nicht glaubhaft. "Aber Künstler verdienen so wenig", sagt P., und die Sachbearbeiterin holt den Chef in die öffentliche Antragsszenerie, die sehr zuvorkommend kommunikativ eingerichtet ist, und dieser Stadtherr erklärt, das könne nicht mit rechten Dingen zugehen, ihre Zahlen widersprächen der Vernunft und seien als Einkommen nicht glaubhaft,

etwas so Unglaubwürdiges könne er nicht bei klarem Verstand zu Protokoll nehmen. P. behauptet, daß Künstler durchaus in der Plutokratie so wenig verdienen und anscheinend trotzdem leben und arbeiten, aber der Paßchef glaubt an Zahlen, genauer gesagt, den Zahlen P.'s traut er nicht. Obwohl sie ja vom Finanzamt bescheinigt sind, und P. schlägt zurück und erklärt den Paß für völlig uninteressant, da er ja die Preise für Museen und Theater nur vermindere und alles andere, was da umsonst angeboten wird an Zutritt zu Massenvergnügungen, könne man ja wohl vergessen. Verläßt zornig die niedliche Förderbehörde, ist nichtmal um die entgangene U-Bahnverbilligung traurig, denn da hätte sie gleich eine Monatskarte günstiger kaufen müssen, und fährt zur Strafe schwarz zurück. Wäre ein Kontrolleur gekommen, dem hätte sie verraten, es gebe sie gar nicht, ihr sei eben von der Stadt erklärt worden, ihre Existenz unglaubhaft.
Also so wenig wie möglich, am besten gar nichts mit dieser Stadt zu tun haben, damit man glauben kann, es gebe Persephone. Und Geld braucht die so unglaublich wenig. Wenn sie das Portemonnaie aufmacht, ist meist etwas mehr drin, als sie erwartet; ja, aber dann schließt sie's rasch wieder, und will das nicht gesehen haben und nicht darüber rätseln, findet, das darf so sein, ich gebe ja immer vernünftig sparsam aus, und ich gebe auch was extra.
Ja, sie gibt diesen Vorfall weiter und fotokopiert und verschickt auch mehrmals eine spannend herausragende Buchzusammenfassung aus der sonst meist zu abgerundeten Zeitung der Metropole vom "Kollaps der Plutokratie" und denkt, das sei nun das Buch als Renner des Jahres. Aber ein Managerkollege sagt ihr: "Kollaps der Plutokratie; da lebst du ja wohl auch von. Du lebst doch nicht von deinem Garten." Na, eher lebt sie da von ihrem Garten für Kochtopf und Hirn. Und der Ex-Prinz aus der

Galerie, dem sie's auch noch funkt, kriegt gleich zynischen Lachkrampf, warum der Plutokratie ein Kollaps bevorstehen solle. Und eine feudale Freundin, die von Mieten ihres Hausbesitzes lebt, weil sie sich nach einigen zeitgenössischen Zweifeln "für diese Gesellschaft entscheiden" wollte, hatte mit dem Zeitungsartikel, der P. so selig stimmte, nicht recht übereinstimmen mögen. P. sagt höflich: "Ich weiß, du hast da eine andere Weltanschauung." Aber insgeheim denkt sie, daß diese wohl aus einem gräßlichen Orkus stammen müsse, wenn auch höchst artifiziell belichtet, und niemals aus dem Land Demeters mit dem Gras als Gras, und Halme, nur Halme.

III

Persephone war längst der Motor ausgegangen, den Leuten in der Metropole dieses Land zu zeigen und anzupreisen. Alles ist Werbung, und darum kann es die für das Andere, das Eigentliche nicht geben. Es ist da. Wer es sieht, weiß es und hat es. aber etwa mit dieser Aura durch die Gänge, Stellagen, Galerien, Foyers eilen als ein geheimnisvolles Gespenst? Der dann zu erwartende Lacherfolg wäre der Schlimmste Mißerfolg. Also gesellig und alles andere als liebenswürdig, aber mit jenem üblichen frivolen Gelächter teilnehmen am Geschwätz des Rollentheaters, wo jeder von Mitspielern und Publikum weiß, daß er allen völlig egal ist und sich selber im Tempo des raschen Szenenwechsels gewissermaßen auch schon. Nicht mehr gefallen wollen und sich selber auch nicht gefallen, aber immer noch dieses bißchen Sicherheit und Unverletztheit brauchen, das bleibt dann wohl in der Plutokratie von den Kindern der Götter übrig. Und ja nicht krepieren wie jene Elenden, denen dieses bißchen Rest von Schutzhülle fehlt.

Ruhe haben, nur Ruhe haben. Sich nicht jene Aphrodite vorstellen müssen, die als Topfrau der Metropole das Deckblatt eines ehemals subversiven Stadtmagazins ziert und als Vizepräsidentin einer Werbeagentur ausgewiesen wird. Bitte, Ruhe davon. Nicht mehr in jenem altertümlich volkstümlichen Apfelweinrestaurant sich eine gewisse Eigentümlichkeit von hergebrachter Biederkeit vormachen, denn mit dem Schlamm von widerlicher Volksmusik, den dieses feiste Flußpferd von einem tyrannischen Wirt da über Persephones Ohren ausgoß, kann ein Kopf sich jeden Geschmack abgewöhnen, daß eine Spur von Genießbarkeit dort noch zu finden wäre. Nur saurer Ekel bleibt und die Befriedigung, endlich für immer in Ruhe vor diesem dreisten Geplärr und Geschwätz zu sein, wenn es sich nicht die dort keineswegs besonders ungern gesehenen Horden von Glatzköpfigen zu gut gehen lassen bald und dann durch die Straßen und die Häuser dringen und da beweisen, was solche Volksmusik so in sich hat. Sicherheit und Unverletzlichkeit, Rest des göttlichen Glücks, und bitte nicht jene irgendwie gehässige Predigt, wir sollten Märtyrer sein. Wie sagt dieser lebens- und sinnenfrohe schwarzlockige Sizilianer glorreich und in bestem Hochdeutsch zu Persephone, wenn sie bei Lokalschluß, von den Unterhaltungen der Metropole kommend und durchaus nicht mehr nüchtern unbedingt noch in der kleinen Pizzeria essen und trinken will, was sie auch kriegt, beim Hinausgehen, bevor er die Tür abschließt? "Gott soll mit Ihnen sein." Schönes Abschiedswort unter Genossen des Glücks trotz alledem in dieser Welt mit den kleinen Gärten und Inseln aus jenem anderen Reich, das man hat oder das man nicht hat, und ist da.

IV

Es ist da, und man hat es oder hat es nicht, also gehört es nicht jedem, aber auch dem einzelnen, der es zu besitzen glaubt, nicht auf immer, daß er sich darin einrichten könnte oder über die Rentabilität dieses manchmal zugehörigen Seins spekulieren. Passieren dann seltsame Mißverständnisse.
Erzählt P. einer Bekannten in der Metropole, sie habe jetzt Garten mit Häuschen. "Ah", sagt diese zufrieden, "dann wirst du ja bald umziehen."
Als P. entgegnet, zum Wohnen sei so ein Gartenhäuschen nichts und daß die Bekannte nicht ihre jeweiligen Vermögensverhältnisse verwechseln dürfe, knallt diese beleidigt den Hörer auf. In ihrer neuen Eigentumswohnung möchte sie P. auch lieber nicht sehen: "Ich weiß ja nicht, ob du mit fremdem Eigentum umgehen kannst." Da gehört es nun so direkt und massiv, daß die goldenen Bunker für freie Durchfahrt gänzlich ungesellig werden.
Aber auch Gartenhütten existieren und bergen für den eigenen Besitz. Wie sonst würde man sicher verschließen und neugierig machen die Habenichtse, die dahinter sowas wie Gold und Juwelen zu vermuten scheinen und sich harte Arbeit machen, aufzusperren. Und nehmen dann Knäckebrot und Suppentüten mit und wissen beim nächsten Mal, lohnt nicht erst, haben aber auch ergiebigere Hütten entdeckt, wo es achtzehn Bratwürste auf einmal und Dutzend Sektflaschen und Stapel Schokoladetafeln gibt, so daß Feinzehrern beim Zuhören schlecht werden kann, was das alles in kleiner Hütte sollte; aber für die Penner war Schlaraffenland, Vorrat für lange, bis der Tag kommt, den die Bestohlenen herbeizurufen nicht zögern: "wo die Regierung strenger durchgreift". Denn bezahlt ist bezahlt, und wenn's uns schlecht geworden wäre; Hunger

kommt von allein, wer sich den umsonst erworben hat, kann ihn noch so massenhaft anbieten, kriegt doch dafür nichts rein, davon haben wir nichts, anderer Leut Hunger! Wo wir doch so gern eigenen Hunger erlebt hätten auf eine Ladung von unseren achtzehn Bratwürsten am Stück.

Ist aber etwas Seltsames um das Eigene. Das eigenste ist der Geschmack. Wollte der Blödian von einem Waschsalonaufseher sich auch mal am Anblick eines in der Waschtrommel rotierenden Slipschlaraffenlands durch das Bullauge feixend sattsehen, und die besitzenden Damen kichern sogar über dermaßen Begierde an ihrem Eigentum, während einem jungen Mann mit Geschmack bei dieser öffentlichen Verwaschenheit von Eigenstem jeder Appetit in beleidigtem Schrecken vergeht: soviel allgemeines Vergnügen wird ihm gemein.

Sind sie aber alle Voyeure, wenn sie einen Blick erhaschen auf das, was ist und einem gehört oder nicht gehört, und kriegen stiere Augen vor Begierde oder Haß. Wollen es nicht schön sein lassen bei sich selbst. Greifen danach, richten sich's zu, wechseln die Farbe der eigenen Augen, um das Bild sich enger anzueignen, tauschen die Figuren auf den Bildern aus, wie es dem Blick beliebt.

Geht ein Kanarienvogel durch das Bild – nein, das war das Küken von einem Albatros, oder es sollte besser eine kleine Wildgans vorstellen, rupfen wir alle Federn, bis wir die Brut genau definieren und zoologisch katalogisieren.

Nimmt Persephone ihren Vogel heraus, läßt ihn fliegen über die Köpfe und hofft, daß er vor allem denen, die nach Bedürfnis und Bedarf die Farbe wechseln, uns allen also, gegen den Geschmack ins Hirn kackt.

6. Kapitel

Reinthronisierung Moiras. – Lächeln in Galerien. Stein im Wein

I

Die Spiegelregale platzen vor Farbwut und die Fronten stoßen kreischend zusammen. Auf der Hut sein, auf der Hut sein, nicht beschmiert und betäubt zu werden, und sich retten in ein stilles Versteck, fern vom Drängen der Schlaglichter und Signale der Plutokratie, wo in Einförmigkeit und Schweigen das innere Auge zu malen beginnt und das Ohr fähig wird, die Stimme zu hören. Nur ganz selten jemand hereinlassen, die Augen und Ohren reagieren zu verschiedenartig, und die fremde Wahrnehmung kann die eigenen Bilder zerstören. Niemand als eine in Aufklärung der Schußwunde durch die Welt jagende Artemis will Persephone noch empfangen, und dann Falle zu: Ihr programmiert mir die Augen gemein und hängt mir in Spitzenleistung den Kopf verkehrtrum auf. Ich sollte euch wohl als die Fratzendandys und Schweinchenchefs malen, Glucken oder Karriereschicksen, als die ihr euch darstellt, und dies wäre mir eine zu häßliche, mühsame Arbeit. Lieber projiziere ich euch in euren eigenen einsamen Verstecken, die ihr sicherlich besitzt, in schweigender Sehnsucht und Trauer nach einem freundlicheren Revier der sanften Farben und Töne, die nichts bedeuten und bei sich sind als Ton. Ihr seid schön in euren Verstekken mit der Verzweiflung an euch selbst und man kann euch lieben. Dachte Persephone. Wenn sie ihnen aus dem Weg ging. Wenn sie in ihrem eigenen Versteck blieb. Und in der Einbildung Pinsel führte, als könnte sie es dann sehen und sei da. Und wußte auch: Hätten sich heimlich jeder gern als Heiligenidyll gehabt des leidenden Sünders.

Aber hätten sie's ausgestellt gesehen, würden sie lachen, schon um des Anstands willen und aus Geschmack. Darum geht Persephone nur allein in einer heimlichen Galerie von Heiligenbildern herum und vergißt dabei, daß etwas ihr gesagt hatte, die Fratzen wären eine verdienstvollere, zum Ausstellen geeignetere Arbeit gewesen, wie sie es ja auch schon mit ihren Karikaturen erlebt hatte, mit denen sie sich manchmal rächte. Niemand weiß nun, wie P.'s Heiligenbilder aussehen mögen. Aber sie hat ein Gerücht davon ausgestreut, so daß in alle Gesichter ein fragendes Lächeln kommt, ob etwa man selber auch, und auf welche Weise wohl. Diese verwunderten Gesichter sind die Ahnung der eigenen Bilder und schöner, als würden sie schön gemalt.

II

Persephone wollte eine Darstellung, wie etwas sich im Eis spiegelt und davon schön wird. Kälte und der Schmerz des Frostes können Gesichter schön machen. Vielleicht hört das Leiden und hört das Böse auf, wenn ich es im Eis spiegele und tödlich schön mache.
Sie fuhr an zugefrorene Seen, aber sie spiegelten nichts. Ich müßte vor allem ganze Kriege und Staatsverbrechen auf das Eis werfen, daß sie sich vielleicht spiegeln; und es ist nicht zu arrangieren. Denn sie wollte es eigentlich als Film, wie der Krieg auf dem Eis starr wird und nur noch Spiegel im Eis; es läßt sich aber nicht einrichten. Dann müßte ich es malen. Was sich in der Wirklichkeit keinesfalls in Szene setzen läßt, kann man nicht auf einem Bild festhalten. P. malte immer Bilder, wie die Panzer mit den Kriegen auf das Eis fuhren und darüber fuhren und weiter fuhren, oder auch ein Panzer brach im Eis ein und die

anderen mieden den See. Aber nie erstarrten sie auf dem Eis und spiegelten sich und blieben so für immer gebannt, um schön zu werden. P. sagte: Dieses Bild oder keines. Sie hielt das ungemalte Bild für ihr wichtigstes. Das Malen an sich als das Malen fand sie dann ziemlich unnütz.

III

Wenn Persephone sich in der Plutokratie ihren heimlichen Garten einbildete und glaubte, darin die Rosen knospen und aufblühen zu sehen und die Libellen überm Teich schwirren zu hören, meinte sie, Zeus habe es eigentlich auch hier recht fein ausgerichtet und er müsse ein weises, kostbares Gesicht haben. Aber warum hast du die schöne Aphrodite aus dir hervorgezaubert, wenn sie Mars verfällt, und was hast du mit Mars zu tun. Warum muß sich Artemis für die Gerechtigkeit der Jagdgründe ständig hetzen und leiden, wird doch betrogen. Wie konnte Pluto so stark werden, daß er die Menschen verführt. Persephone fragte sich das und wollte Zeus suchen gehen, um es ihn selber zu fragen. Demeter hatte ihr einst gesagt, im Winter des Reiches Pluto gäbe es ein Fest, da feierten sie den einzigen Sohn von Zeus, der sein Leben für die Rettung der Menschen und der guten Götter gelebt habe. Persephone folgte den Zeichen dieses Sohnes, von denen es auch immer neue gab und die eine seltene Freude waren in die ser Welt. Aber der Vater, wenn sie manchmal ahnte, ihn von weitem wahrzunehmen, er war so alt und in sich gekehrt geworden, daß er ausdruckslos, massig, abweisend nirgendwo hinsah, schien keine Augen zu haben, auch keine Ohren für Fragen, ein großer stumpfer Kloß wie ein Gestirn ohne Leben, auf einer gelben Straße fahrend hinter den Horizont.

Bin ich dann noch Persephone? Ist das noch Artemis? Wer war Aphrodite, und warum begehrte ich Pluto? Wenn dies alles so als Kloß auf gelben Bahnen hinterm Horizont verschwinden muß, dann kann es wohl nie wahr gewesen sein.

IV

Aber im Traum sah Persephone den Vater noch einmal, ganz klein, traurig. Und er flüsterte leidend: "Es ist ja Moira. Ich kann nichts gegen sie. Du mußt dich nit Moira gutstellen." Da war Persephone sehr glücklich, daß Zeus mit ihr gesprochen hatte. Aber Moira, der traute sie nicht, die blieb auch immer unsichtbar, und niemand, keine Frau, kein Mann und nicht die Götter hatten je Zugang zu ihr gefunden. Moira wurde auch nicht verehrt. Niemand wollte mit ihr zu tun haben, man dachte, es sei das Beste, sie zu ignorieren. Dafür rächte sie sich auf immer.

V

Jedoch auch wenn Moira für alle Götter und Sterblichen unberechenbar blieb, Persephone und fast alle anderen Göttinnen und Menschenfrauen vermochten es, sich mit ihr einzurichten. Da mußte man ins Versteck, und alle Wege werden durchkreuzt; dennoch konnten die Frauen immer wieder schön sein und das Ganze schön finden. Nur selten gelang dies den weniger wendigen phallischen Gottheiten und Mannsbildern. Oft war es deren in der gestrafften Unbeweglichkeit erstarrter Wille, die Welt häßlich und zum Tode verdammt zu sehen und darzustellen und mit ihrem eigenen Ekel häßlich zu beschmieren. Einen "Brei aus Papier", einen Brei aus zerschlagenen, klebrig besudelten Eiern warfen sie ihren Empfängern mit der Aura der alles Durchschauenden und Verfluchenden vor, so daß Persephone und Artemis und noch einige weggingen, nach Luft und Licht schnappten, um es wieder vor sich zu sehen: das Ei als solches, die heilige Reinheit des Eies, aus dem das Schönste entstehen zu wünschen, oberste Pflicht ist, eine weiche nährende Freundlichkeit, die aus dem Ei wachsen soll, und es darum hüten und sichern. Sei es nur in den Bildern, in den Gedanken. Dort leben sie. Aber dort gehören sie auch hin und sollen dort die Betrachter an etwas erinnern Und was im täglichen Umgang und durch Moira zerschlagen werden mag, sind nur die unvermeidlichen Unfälle. Aber daß es im innersten Bild bleibt, als was es sein soll, und auch immer wieder darum so auftreten, sich so zeigen und etwas bewirken kann, derart zwingend in seiner reinen Gestalt, daß es nun endlich die Verwandlung, die Erlösung der Welt erreichen möge, dies ist der Klick der Kunst, mit dem sie die Bilder festhält, der Moment, wo mit gespanntem Finger etwas ausgelöst und eingefangen wird, meinte Persephone. Klick, oft, immer öfter, von vielen, von immer mehr, ein gelungenes Klick, und Moira ist entmachtet.

Ja, aber diejenigen, die es häßlich wollen? Die nicht durch Trauer es so sehen müssen, sondern böse es wollen? Die alle selber verbrecherische Moira sind und dies für Recht halten?

Dagegen machtlos sein, keine Kunst dagegen denkbar, dann also bleiben nur Verstecke höchstens. Für die mit dem Ei an sich und für die mit dem Eierbrei – gegen die Gewalt der Stupidität für beide höchstens die Verstecke.

VI

Und wieder wollte einer Herakles spielen und die verkommenen Ställe der Herrschaft einer erstaunlichen Union jenseits der Plutokratie säubern, um sich dann selber in der Residenz einen Thron zu bauen und die vielerlei verbundenen Völker in Unruhe und Gegeneinander zu entlassen. Denn auch dort gilt wieder: Was hab ich, was weiß ich, was kann ich, und du noch lange nicht; wenn nur die Ställe symbolisch in Ordnung erscheinen. Moira, für die Würde und Recht ein Dreck sind, kann wieder zuschlagen, sehr real, und sie erschlägt ganze Kontinente und auch in der Plutokratie jeden zweiten oder dritten. Wie ich, sagt Persephone, sie hasse auf diesem Globus. So viele hatten erkannt, daß Moira nicht länger herrschen darf, die immer die Plutos begünstigt. Moira ist käuflich. Sie ist das falscheste, gehässigste Weib, das je regiert hat und das sie immerfort weiterregieren lassen. Also bleibt es dabei: In der Welt Angst haben und nur getrost sein, wenn man die Welt überwinden kann. Ein aus Krankheit und Tod leibhaftig auferstandenes Lächeln und Leuchten sehen, dies kann eine Rettung sein, wenn man es im verjüngten, verschönten Gesicht einer gejagten, eingesperrten, umgekommenen Rädelsführerin erblickt, grünblau phosphoreszierend auf einem Gemälde in einem verdunkelt bläulichen Saal voll schimmernder Düsternisbilder; eine Rettung für das Andenken und die Wiederbelebung. Denn da starb Schönstes. Immer wieder kämpfen gegen Moira und ihre plutokratischen Günstlinge. Wenn es einzelne sind, brauchen sie Gewehre. Wenn es sehr viele, die Mehrzahl sind, genügt die Übermacht und die Entwaffnung des Systems der Plutokratie. Oh, wenn jener Tag käme, mein Reich könnte auf diesem Globus sein!

Aber sie denken an die eigenen vier Wände, an die Familie, wie sie für das Ihre sorgen sollen und es etwas besser kriegen. Bis sie selber Moira trifft. Dann ist es zu spät. Wenn es immer mehr geschlagen Verlorene gibt, reicht es nur zu wilder Meuterei. Dieser Tag wird kommen und nie der Tag der Gerechten. Darum Abschied vom Traum der Besserung auf Erden. Aber fürs Auge, im Auge, vor Augen wird es immer lebendig sein. Sehen, sehen die Bilder von Lächeln und Leuchten der elend Umgekommenen und Geächteten als leibhaftig Verjüngte, Verschönte, blaugrün phosphoreszierend in dunkel schimmernden Galerien.

VII

Ihr Kopf schien größer und größer zu werden und baute sich dabei eine glatte Kugeloberfläche, in die von den äußeren Bohrern, Krachern, Hetzern nichts mehr hereindringen konnte, und so abgeschirmt in glatter, runder Schale gleiten durch die Tunnellabyrinthe und Winkelstellagen, ohne anzuecken und gelöchert zu werden mit dem Kopf, aber darinnen große Säle, kostbar verkleidet, wie in einem Schloß. Das kam durch die göttlich bevölkerten Träume der Nacht, hinweggeschlafen von der lüsternen Drangsal der alltäglichen Insekten mit ihrer lebenstüchtigen Mordlust und Schabigkeit, und in Nachtträumen ausgefüllt und aufgebläht von den fernen Geistern leibhaftiger Größe, die machten ihr riesigen, unzugänglichen Kopf sicherer Verschlossenheit, und trug sich leicht daran, schien schwerelos fliegend.
Und so wie vor Feiertagen, deren es auch in der Plutokratie zum Andenken an die Götter reichlich gab, durch den billigsten Markt schweben, der wie alle Märkte in diesen letzten Tagen reichlich Geschäfte macht, und dann

läuft nichts mehr, wird es je wieder laufen?, scheint ein Ende zu nehmen mit den Geschäften, und Persephone schwebend mit sicheren Griffen die ihr bekannten Flaschen aus den gewohnten Winkeln ziehend und in den Wagen heimholend, nur Auge für einen alten, grauhaarig Stoppligen, der wählt sehr sorgfältig prüfend zwischen den Flaschenunendlichkeiten aller Farben und Formen, Herren Länder und mit andächtig zitterndem Gesicht an der Kasse seine Geheimnisse vorweisend, mit dem Stolz des Gebens bezahlend, ganz selig aus leuchtenden Augen, das ist sein Weihnachten, faßbar, genießbar, schwer, und vielleicht werden alle alten Götter, die sich so gern berauschten, an den Feiertagen seine Gesellen sein, und auch der letzte, der heilige Göttersohn, der stets mit seinen Genossen zum Becher griff, wird bei ihm sein, denn in der stillen Freude des Alten, der ungeübt und einmalig, langsam die ihm liebsten Flaschen sucht, da die Kneipen, wo er sonst verkehrt, dichtmachen werden, und Persephone und viele Kunden vorbeieilen läßt mit Vortritt zur Kasse, um sich voll Liebe sein Erwunschenstes zu suchen, liegt ein tiefer Frieden, der mit sich und den Tropfen und den Geistern, die ihn besuchen kommen, selig sein wird, darum, daß er nun tagelang nicht auf die Ämter braucht, um Geld betteln, die schließen rundum und werden ein Ende machen, und muß sich nicht streiten mit Kumpanen in Kneipen, und muß tagelang nichts bezahlen, vielleicht endet dies auch für immer, und nur noch sinken in die Tiefe der Gläser, das bannt die Moira. Von allen Feiertagen in der Umhüllung immer größer werdender Köpfe, die die zurrenden stechenden Bremsen abweisen ist auch Moira ausgeschlossen und machtlos gegen große Gläser Einsamkeit, die sich leerend die Trinkenden hineinziehen in ein Meer roten brüderlichen Friedens. Wer ist dein Bruder? Der für dich bezahlt, wenn du's brauchst, der dir

zurückgibt, wenn du für ihn hast bezahlt. Das ist das ganze Buch der Bruderschaft, und so kompliziert in Exemplikationen und Kommentationen, daß es noch keiner in der Plutokratie begriffen hat, geschweige denn es unterrichten könnte. Gerade darum immer wieder der Wein mit Bruderschaft aufs neue: Du wirst für mich bezahlen, wenn ich es brauche; ich werde für dich bezahlen, wenn du es brauchst. Sobald der Schuldner, ich oder du, es vermögen, werden wir es dem anderen mit Zinsen zurückgeben. Darauf ein Glas und noch ein Glas. Versprechen und Versprechen. Die zahllos zerbrochenen Gläser in den Orkus. Aber die Liebe ist gnädig und schenkt neuen Brüdern neue Gläser daß sie einander einschenken und es wissen.
Er sucht und prüft sehr sorgfältig, welche Flaschen er mitgehen läßt. Er wird nicht jeden in seine Stube oder wohl seinen gefundenen, angeeigneten Unterschlupf holen. Seinen Gast wird er danach ansehen, was er mitbringt. Manche zeigen Lächeln und Leuchten und sitzt nur auf der Haut. Der alte Trinker wird ihm das blitzende Auge herausholen mit der Faust und wiegen, ob es ein schweres Juwel ist. Die Vorfreude des Alten an der Kasse mit seinen Flaschen galt nicht nur dem baldigen scharfen Schluck mit sich allein, es schwang auch das Spiel dabei, ob noch Brüder kämen mit Juwelen im Kopf. Denn alle die falschen Kumpanen mit den Splittern und Scherben konnten es nicht auf immer gewesen sein. Ein Hoffender wie Sisyphos, ein nicht an der Gerechtigkeit der Götter Verzweifelnder. Da brechen die Räte derer zusammen und auseinander, die meinten ehrlich zu arbeiten und die sich einst zur Herrschaft verbrüderten; Moira wird reinthronisiert von allen Strebern nach edler Art, die sich nicht gemein machen und von Moira auch leicht die Gunst erhalten; der Götterbote in Nippes mit seinen Hündchen rechts und links triumphiert vom Podium, nun habe die,

zwar mißglückte, aber wie Persephone meint, doch erneuerns- und umbauenswerte Sowjetherrschaft auf der anderen Seite der Plutokratie, in die wir hätten rübergehen und sie schöner machen sollen, wenn wir nicht dabei im Gefängnis gelandet wären!, zur allgemeinen Freude unumkehrbar ihr Ende gefunden, weil die Menschen ihr Schicksal wieder in die Hand genommen hätten. Und Sisyphos, der für sich alleingelassene Arbeiter ohne Rat, muß von neuem immer noch den Stein wälzen, denn so will es das Schicksal. Aber sein Kumpel, der alte Trinker, lädt ihn an den Heiligen Feiertagen in seinen Winkel; so ein schwerer, riesiger Stein ist ihm was wert, und den immerfort wälzen müssen, das ist wie ein ganzer Pack Juwelen. Für solche Arbeit reichlich Glas auf Glas. Moira bleibt draußen. Gegen so eine Brüderschaft kann sie nicht, auch wenn sie es den Räten verdorben hat; aber sie widmet sich nun mit der ihr eigenen Bosheit den neuen Göttern und ihren Boten, wie sie denen die Hummersuppe dann doch versalzen kann. Wird sich mit solcher Absicht immer gern Salz und womöglich Säure aus Persephones Küche leihen dürfen.

7. Kapitel

Händewaschen von Schriftgelehrten und Töchtern des Olymp. – Kind im Abfluß. Falltüren

I

Haben nicht auch wir geleugnet, daß es hüben und drüben die gleichen Wolken sind, aus denen es regnet, was hier und dort die gleichen Pfützen hinterließ und bei Trockenheit, denn es regnet auf die eine oder andere Weise, den Pflanzen nützte? Nein, wir sahen unsere Wolken greulichgiftig, und die da drüben erschienen uns in rosigem Licht, schlimmer noch, wir färbten sie rosig ein, wenn wir auch Dürre und dreckige Pfützen dort sehr wohl wahrzunehmen schienen und den Gestank rügten, aber über allem schwebte uns doch aus alten Nebeln der Gedanke einer rosaroten Glorie, die wir hier in der Plutokratie vermißten und denen hinzudichteten. Oh, und sie stießen dort die riesigen Götzenbilder von den Sockeln und verbrannten deren Schriften vor Überdruß, daß uns endlich ein Lichtelein aufging, das kann es nicht gewesen sein, auch das einmal wieder war es nicht. Da lernten wir: Seht, es macht Freude, zu erwerben und Erfolg zu finden und zu herrschen; andere müssen dienen und entbehren: Wo Licht ist, ist auch Schatten. Und was mußten die alten Throne fallen und Zar und Kaiser vertrieben werden samt dem bunten satten Leben, das einst die Völker glücklich machte. Nur schlimmeres Unrecht und Unterdrückung brachten die Demagogen, die von Gleichheit und Kommunismus sprachen und geistiges und materielles Elend anrichteten. Laßt uns bereuen und bekennen: Auch wir Schriftgelehrten der Plutokratie haben unsere Freiheit mißbraucht, das Verderben zu leugnen und Idole der roten Herrschaft gutzuheißen. Hätten wir dem Volke aufs Maul geschaut! Hätten wir unseren Warnern der Gelassenheit und Weitsicht mehr getraut! Wir wollten die besonders Rechtsbewußten sein und holten uns durch blinde Zustimmung und Fürsprache schmutzige Finger! Aber wir werden nun merken lassen, was wir gelernt haben. Alle diese komplizierten Fremdwörter, die für uns einst die rosarote Aureole des Verführerischen hatten, sind ohne Abstrich unterzubringen in dem einzigen noch gültigen Fremdwort, das die übrigen erledigt: Ideologie. Oh, wie frei wird der Kopf, wenn alle diese schwierigen, mehrere Menschenalter durchgeisternden Rationalismen und Hirngespinste mit dem Wort Ideologie auf einen Schlag erledigt sind. Nun kann es wieder rauschen und raunen durch den Blätterwald der freien Rede, und wir gießen aus, wir gießen weg, was da immer noch behaupten will, rot sei nicht nur Farbe. – Na, hüten Sie sich, daß wir dabei nicht auch mal nachprüfen, wie Ihr Blut aussieht!

Persephone weiß genau, daß sie am liebsten alles sehr naiv anblickt, aber dadurch auch einiges erkennt: Mienen und Töne, die weder einst noch jetzt etwas Ehrliches meinen , über das Wort "ehrlich“ die Nase rümpfen, die sich einbilden, sie wüßten die Wahrheit und müßten sie anderen beibringen. Was sie dann auch tun, reichlich, gerne sich auffordern lassen, und sie werden aufgefordert. Immer windig wie der Wind, der neuen Wind hervorbringt, die Fahne im Wind oder das Taschentuch, und stechende, gläserne Blicke, vor Mißtrauen und Überheblichkeit. Immer zu mehreren, Klüngel von Biedermännern, gegenseitig die Türen öffnend. Daß einem übel wird von ihnen, nutzt nicht viel; denn es wird einem noch mehr übel, daß man sie nicht um den Erfolg bringen kann. Da mag Persephone Pluto verachten, es würden die Schriftgelehrten sicherlich zustimmen; da kann sie Mars hassen, sind die nicht dagegen. Aber der miesen Heuchelei von solchen völlig mittelmäßigen Klugrednern beikommen, das schaffen höchsten wilde Vampire und Hexen.

II

Was Persephone eigentlich meinte, es war auch für sie nicht dieser ferne, entbehrliche Umhang, einst modisch, manchmal praktisch und angenehm, aber doch nichts unbedingt Notwendiges, und schon gar nicht darin eingeschnürt sein mögen auf immer, etwa in einer gleichförmig gekleideten Kolonne der Kapuzenträger. So ein Umhang scheint höchstens bei Gelegenheit brauchbar, genau wie jene anderen Kleidungsstücke aus Herkunftsverstrickungen, Liebesdrähten heiß und stechend, und selbst jenen luftigen Netzen der Freundschaft, die nicht zerreißen, wenn man ihnen heil für Weile entschlüpft. Nur immer in der eigenen Haut das Brausen der Vögel und das Blinken der goldenen Eier spüren wollen, die als Kopien von P.'s Bildern durch Galerien und Agenturen über den Markt fliegen, und ihnen Glück wünschen, sie möchten Lande- und Nistplätze finden. Und ist das ja auch etwas, das die Betrachter freuen und reich machen will wie die vorgegebenen Versprechen der Politiker und der revolutionären Beschwörer. Glücklich sein mit einem Spielzeug wie ein Kind, mit einem anderen Korper wie ein Liebespaar, mit dem Flug der Augen durch die Bilder wie in schönem Traum. Der Kopf wird größer und überbordet die Schädeldecke, entfesselt sich schwebend als Ballon und überwächst auch diese Hülle, nimmt immer weitere, luftigere Gestalt an und fliegt dann als das Ganze, mit dem Ganzen in sich, alles in schöner Geräumigkeit. Solche Köpfe, solche Köpfe überall, und die Welt ist ein einziges Kunstwerk mit unzähligen Schöpfern. Denn Persephone als Gras-

und Gartengöttin geht davon aus, wenn man Köpfe in Ruhe läßt, kommen sie ausschließlich auf freundliche Wünsche. Konnte sich nicht in Pluto, kann sich nie in die Plutokraten hineinversetzen. Will es nicht mehr. Weil sie dann vor Angst sterben müßte.

III

Auch Aphrodite fliegt in einer Videosupershow durch die Attraktionen mit lieblich gurrender Stimme und blitzenden Äuglein, findet alles hinreißend und möchte sich mit dem Köpfchen, das aber ein Dickkopf aus Vaters analysierter und stilisierter Zeuspotenz ist, immer anlehnen am liebsten. Schneidet nur zu gern im entscheidenen Moment, wo etwas sich ihr neigen könnte, aus Leichtlebigkeit den Faden der Nähe ab. Tanzt zu Geldgebern in die teuersten Paläste gegen etwas Geplauder und läßt alles Grauen der Gegensätze und die Komplexität derer Verhedderungen in kosendem dümmlichen Geplauder untergehen, das ihr prächtig erscheint wie die Stimmen der Sirenen, und ist doch nur Geklimper und Geklapper, das Artemis und Persephone abstellen, aber tönt unbeirrt und unangefochten durch die Etagen und Kanäle, ist beliebt, steckt an, ein Gesäusel des Liebelns; Mars genießt es, er macht sich zwar nichts weiter draus, aber er genießt, welche Betäubung für das Wahrnehmen des Grauens der Gegensätze und die Komplexität derer Verhedderungen von diesem luftigen Lockgesang und reizvollen Tändeln seiner Aphrodite ausgeht, die noch siegreich tändelt, wenn es für Mord und Verbrechen geschieht, fasziniert vom schönen Schein. Selber Schein. Das Herz ein kleiner Knopf, der mächtige Lichtkegel ausstrahlt. Und darin fliegen die süßen Bonbons von und für Aphrodite, die Göttin der Simulation.

IV

Artemis hat ihr liebstes Tier, ihren ständigen Begleiter verloren. "Sie haben ihn mir vergiftet", klagt sie zornig, weil er aus Rachen und Eingeweide verblutete und in ihren Armen starb. Nur ein Tier, aber das ganze Leiden am Morden und Sterben selber beim Verenden ihres treuen Haustiers miterlebt. Zieht sich zurück in Schlupfwinkel, muß das Jagen und Kämpfen unterbrechen. Immer ohne Rücksicht auf sich selbst in Unrast gegen Vernichtung, und darum trostlos, wenn das engste Lebewesen, obwohl nur Tier, bei ihren eigenen vergeblichen Rettungsversuchen leiden und sterben muß. Göttin der Jagd, ängstlich und kühn, aber ohnmächtig gegenüber Gift und dem immerfort giftigen Tod.

V

In den Bildern der Kopfgöttin Athene kommen die Wundergärten der Persephone nicht vor und nicht die weidenden, jagenden, schützenden Tiere der Artemis. Eine finstere Eule brütet auf der Schulter und verkündet mit dunkler oder unterrichtend gehobener Stimme, alles müsse so sein. An den Pflanzen freut sie nicht Blüte und Frucht und kennt weder Wachsen noch Welken, sondern immerfort fächelt sie mit ihrem Ölzweig ein Friedens- und Beruhigungszeichen über Leiden und vergossenenes Blut, die sie nie berührt haben. Klug und redegewandt findet sie Respekt bei olympischen Göttern und den Schriftgelehrten und häkelt sauber ihre eigenen Bilderteppiche zur kurzweiligen Belehrung. Die wirken adrett und kunstvoll gearbeitet, werden dafür sehr geschätzt und ausgestellt, und nur wenige langweilt das herzlose Kunstgewerbe. Hält

es doch die Redereien und Rechtfertigungen der Schriftgelehrten manierlich in der Balance und erlaubt die Schritte, die der Gesellschaftstanz braucht. Weben und stricken nun viele Damen gleich ihr nicht mehr die Netze, wo sich was verfangen könnte, oder luftige Seile, um sie in den Himmel zu werfen, sondern komplizierte Dekorationen ohne die geheime, nicht gleich sichtbare Struktur bekleiden verwirrend die Wände der Foyers und Treppenhäuser der Etagen, auf denen es sich absehbar in den Olymp steigen läßt, wo dann das oberste Webtüchlein neckisch von fern ins Flattern kommt und die empor Staunenden schräg grüßt. Wedelwedel, vielleicht war es auch das Erfrischungstuch einer Leistungssportlerin.
Da sie ja nun doch unvermeidbar gelegentlich mit dem irdischen Staub in Berührung gekommen ist, wäscht sich Athene sorgfältig die Hände. Und was gluckert da im Abfluß? Ächzt und weint das zum Tod bestimmte Kind. Drückt Athene schnell den Gummistöpsel in den Ausgußring. Denn es gehört sich nicht, daß noch jammert, was in den Untergang gesunken ist, finden alle und klagen nicht darum. Gesäubert ist der Palast, frisch glänzt die Ausstattung.

VI

Wenn die Ausfahrt durch alle Türen und Fenster mißlungen war und Persephone heimkehrte, zusperrte, sich absperrte, um im Eigenen wieder auf Grund und Boden zu kommen und dort die Fahrten und Landungen der Einbildung zu bauen, konnte es scheußlich passieren, daß unter ihr im eigensten Zuhause die Falltüren drohten und bei jedem Atemzug aufzuklappen und sie zu verschlingen suchten. Dann sah sie sich taumelnd abtauchen in die

Unterwelt der Szenerien von Galerien und Foyers und Stellagen, wo Betrug und Scharlatanerie regierten und der falsche Stolz auf die Absonderung und Unterwanderung, die doch nur auferzwungen und Strafe des Armenhauses und Aussatzes waren. Ja nicht in jene Ghettos abgleiten und lieber doch sich streiten mit den Herrschern der oberen Etagen, daß Licht und Wind noch durch die Fenster kommen und nicht der Moder gelebten Untergangs stinkt. Aber diejenigen mit den luftigen hübschen Häusern fürchten den Untergang in den Werken P.'s, der sie vor der eigenen erlebten Zeit schauern läßt, und da die Zeit darüber hinweggegangen sei, gehen auch sie darüber hinweg und wollen das Mumifizierte zum Untergang verdammen. Aber Mumien sind sehr zählebig, die bleiben und vermodern nicht wie die Leichen. Haben die Etagenturner beim Anblick Angst, daß sie zum Leiden bestimmt sind, und hassen die todesfernen Mumien. Könnten diese aber mahnen zum Gedenken und Gedankenmachen, würden sie aufgestellt beizeiten, und sollte nicht der Tod triumphieren, sondern der Anblick unvergänglich gemachten Lebens. Jedoch Angst, das Publikum müßte Todesgeruch spüren und den eigenen Tod vor Augen haben statt einer Lichtertreppe in den lauen Zukunftshimmel ohne Vergangenheit, denn es soll nicht wahr sein, daß alles vergeht und die Vergangenheit das einzig Nachprüfbare ist und der Gang in die Zukunft darum immer ein Gang mit den Mumien rechts und links sein muß, aber bei frischer Luft. Keine Vaterlandsliebe zur Geschichte, zu den Verwicklungen der Gefallenen mit den Kindern, mehr Angst als Vaterlandsliebe. Aus Angst vor Leichengeruch wird das Publikum vom Vergangenen abgelenkt und auf neue Bilder gezogen, seien diese auch eben erst aufgetaucht oder aus tieferen Zeiten geholt, wo der Anblick nicht mehr berühren und wehtun kann.

Erst als sie sah, wie die alten und die neuen übergelaufenen Plutokraten die jüngste Vergangenheit des Vaterlandes nicht mehr wahrhaben wollten, entdeckte P. ihre Liebe, ihre Verbundenheit dazu, immer bei denen gewesen zu sein, auch in der Kunst, die mit dem Leiden litten und nicht Leichen werden wollten. Aber mit Mumien leben wie aus Blut. Die Verhinderung, Verzögerung, diese Mumien auszustellen und die räumliche Bedrohung durch ein Abgleiten in die Falltüren der klebrigen Unterweltkanäle sind die nicht festzumachenden häßlichen Gespenster auf Persephones eigenstem Raum. Und sind keine eingebildeten, sondern sehr geschäftige, den Gang der Kunstwelt bewirkende Gespenster mit ihrer Macht über Dasein oder Verfall.

8. Kapitel

Die Welt soll abstrakt werden

I

Denn die Unruhe ist nicht eingeboren, sondern greift aus den Programmierungen dessen, was passiert oder nicht passiert, verquer zu den Wünschen, in den Rhythmus der Herzen, die nicht schlagen dürfen jedes in dem Seinen und auf immer, sondern hängen die Lampen des Lebens von der Decke im Leeren oder pressen sich zahllos in aufeinander bezogenen Zugnetzen und rasen ineinander. Und möchte das Herz, das im Leeren hängt, immer größer werden, daß es doch den Raum ausfülle und alles hineinnehme, um vielgliedrig, riesig zu sein bei sich selbst für Gesellschaft im Innern, wäre eigene lebendige Welt und brauchte nichts weiter. Wenn es aber sich öffnet, um hineinzufassen anderes, rasen die Züge hinein und vibriert vom Tumult der Netze, daß es nicht mehr weiß, wo sein Klopfton stecken mag; dröhnt querlings überall, fährt überall heraus aus seiner Haut, weiß nicht mehr, daß es sich gab, da liegen Zuckerherzen in den Läden, abgepackt, das bleibt. Wäre schön, zu sitzen allein in Ruhe und zu gehen selten an die wenigen Orte, wo man es aushält Weilchen. Sind aber viele Verwicklungen, weil einer etwas will, das zu teuer ist, oder hat einmal etwas erworben, hat etwas geschaffen, wills weitergeben, bietet an, ist aber andern zu teuer. Und streiten um den Wert dann, ist der Wert nichts Objektives, sind noch die Rührendsten, denen es wertvoll erscheint, weiß man das?, aber mir zu teuer, sehen Sie, ich stecke noch in diesen und jenen anderen Verwicklungen des Zugnetzes. Und werde Ihres nie kriegen, und Sie müssen selber suchen, wer will was von Ihnen.

Verfällt Persephones Garten in der Plutokratie und will sie seinen Frühling nicht mehr erleben, denn ist nicht göttlicher Frühling blühenden Glücks, sondern des Rackerns, Grabens, Putzens, soll man diesen Frühling erst herauspressen und schenkt sich nicht von allein als ein Zauber in sich selber. Der nächst Frühling kommt bestimmt, als eine Drohung: Das erneute Aufräumen und Instandsetzen, sich für Erde und Gestrüpp Zerreißen kommt bestimmt – ohne mich, denkt Persephone, ich will Euch nicht den Frühling bringen in Eurem Unrat, nehmt Ihr den Garten und bildet Euch ein, Ihr hättet Spaß und Dank daran, zwar war er auch mir eine Freude in Eurem Gestückeldrängel der Metropole, daß etwas wächst und wird; aber nun geh ich, in die anderen Gärten, die Gärten ohne Qual des Rückgrats, wo Blüte und süße Frucht nicht nur kurz branden und rasch verebben, Morsches zurücklassend, die Gärten für immer ohne Tod und neue Grube für die Saat. Und habt Ihr selber es ja auch über und wollt es bald einebnen, die Gärten ausrotten und betonieren weiträumig mit etwas Ziergrün, damit Eure zahllosen Vehikel darauf ein Plätzchen finden, ohne die Ihr Euch nicht bewegen könnt. Aber dafür kauft Ihr mir meins nicht ab, und daher muß ich vorher, solange noch gegraben und geerntet wird im Gelände, das Meine an neuen Gärtner weitergeben, einen furchtlosen, dem's gefällig ist und der auf Kohle sitzt.

II

Vorwärts kommen, zum Ziel kommen, und läuft den Weg gleich als ein Held, fahr mir nicht an den Wagen, Gleis frei – und erst einmal passend ölen das Getriebe und in Fahrt bringen, die Ziele abstecken und, Wege suchend und findend, geschickt ansteuern. Möglichkeiten sind viele, alle probieren und auf diesem Netz der Möglichkeiten balancieren, um das Opfer endlich zu erwischen. Da wird sich gleich eine Nachbarin in den Hauseingang stellen und Persephone den Weg versperren mit ihrer Tragetasche, wenn P. ausfliegen will und ködern die Gestalten für ihr Gespinst. Wird dann ein Irrflug werden, wo sie Angst hat steckenzubleiben in den Belästigungen der Fleischesnähe und des Redefleisches und Ekel vor den Händen, die abfällig abwinken und sich zur Drohgebärde krümmen und ungebeten die Hand drücken und nie den Finger rühren, um endlich Vertrag zu unterschreiben. Sind unschlüssig, schließen nichts aus, müssen zunächst ihre Befürchtungen – Furcht vorm Gartentod, schlimmere Furcht um ihr Geld – bedenken, beraten, beschlafen, melden sich niemals wieder oder verkünden anderntags im Ton einer alles klärenden Nachricht das Nein. Haben aber vorher soviel Bilder als Ballast in Persephones Hirn gestopft, wie sie den Garten organisieren und welche Möbel aus ihrem Fundus sie anschleppen wollten und was dort treiben und gerne P. dazu einladen und natürlich nach dem Kauf bei P. zu Hause die Schlüssel abholen und am liebsten gleich noch mit ihr ausgehen; und bringen ganze Familien mit oder drohen ihre Familie an für die Zweitbesichtigung und Beratschlagung, erzählen zumindest von ihrer Familie, vor allem den Debilen und Siechen, ob es für die der rechte Platz hier oder besser doch nicht, ist das letztendendes nicht der richtige Garten, nicht der von ihnen gesuchte, der Preis wär uns recht; aber der Preis ist viel zu hoch für die Mercedesfahrer, die sich gerade so einen Garten wünschten, aber leider durch persönliche Umstände völlig mittellos. Hat Persephone ein Netz aus Inseraten und Aushang und Einsatz von Bekannten bei deren Bekannten gelegt, verfängt sich nichts, springt alles wieder raus, ist ein Fang- und Versteckspiel, aber mit zuviel Wegen von Metall und Fleisch und Reden, eine mühsame Jagd durchs Dikkicht ohne Beute. Dann schlendert von einem Tag zum andern entfernter, fast unbekannter Nachbar heran mit einem Feund, der hat schon gesucht und mustert nun dieses, findet es richtig, findet, was er gesucht hat; und da der geschickte Freund des Finders die Sache fein eingefädelt hat, ist P.'s Preis niedriger als gedacht, was bei diesem Sucher nicht nötig gewesen wäre, aber nun nicht mehr zu vermeiden; erleichtert die Sache, tut ihr nicht leid, schreibt nur unbewußt die wahre Zahl in den Vertrag, aber mit Komma dahinter, als käms ihr nur aufs richtige Tausendstel an, und die Herren stutzen: Was schreiben Sie denn da; ach, korrigiert sie das Komma zum Punkt, jetzt wollt ich die Nullen weglassen, ja, aber die Zahl!, die Zahl?, ach richtig, ja wissen Sie, ich nehms nicht so genau; korrigiert die Zahl, schreibt sie noch als Wort darunter, denn die Herren nehmen es mit ihrer günstigen Zahl beim Wort. Klappt sie's zu, steckt sie's ein, will möglichst wenig mit dem Kram, der dann noch fällig ist, im Sinn haben, denkt über das ganze Netz mit zuviel rumorendem Fleisch, was ihr erster Pluto, der sie einst fing, von der Arbeit und den Sorgen mit der Arbeit immer gesagt hatte, ein bißchen zynisch, aber sehr weise, jedenfalls wenn die Arbeit gut enden soll: Das meiste erledigt sich von selbst.

III

Ist aber viel Arbeit nötig, um sich andere Arbeit zu ersparen. Hatte P. eigentlich Vorsatz gehabt, Garten noch auf Frühling zu putzen und Glanz zu bieten zur Verführung wartender Neugieriger. War am Morgen aber erst ins Geschäft gegangen für neue Riemen durch ihre häuslichen

Holzsandalen, die fielen schon als Abfall fast ab. Und will stolz die wunderschönen weißen, sauberen Riemen durch die Holzsohle ziehen, ist aber der Schlitz viel zu eng für die frischen gepolsterten Lederriemen, und muß sie sich mühen gute Stunde mit Durchzieh- und Durchsteckmanövern samt einer wunderlichen Ausrüstung von Nadeln, Faden, Schere, Zange, wird es endlich gelingen, wenn es jetzt bloß nicht klingelt, nicht erst rauchen zur Pause, den Kaffee stehen lassen, selber stehen, laufen und neue Geräte holen, in der Küche mit den Holzsohlen auf dem Schrank, Tisch, Fensterbrett immer neue Manöver, mit Kraft, mit Geduld, mit Wut, und endlich, nicht mehr zu hoffen, gelingt es doch. Dann nichts mehr. Jetzt noch fahren und mühen und putzen für fremde Leute, daß sie's begehren? Soll man nicht so mit Zweck den Rücken krumm und Finger schmutzig machen, nur was man braucht, sollen die es sich doch zurechtputzen, wenn sie Lust dazu haben. Das war die entscheidende Vorarbeit, der Eigensinn der Sandalen, daß ihr weitere Arbeit erspart geblieben war.

IV

Waren in der plutokratischen Realität der Sterblichen harte Kämpfe gewesen mit Nadeln und Scheren und Zwängen durch zu enge Schlitze, daß Karikaturen und Comics oder der mühsame Teig des Realismus für die Bilder hätten Zugpferde werden können in die Abgründe von Gruselreiz, unzerkaut verschlungene Klöße hätten können im Bauch ihre Gebirge bilden. Wird P. aber schlecht vom einen wie vom andern und will es schlucken gewürzt und geschmeidig, gleitend die Bahnen. Persephones göttliches Geheimnis: Das Brausen von schwirrenden Vögeln im Kopf als einem Olymp, die doch gleichzeitig unter der Schutzglocke eines Schutzhimmels fliegen, wenn die Mühe der irdischen Arbeit nur noch nachvibriert und sich alle Verhedderungen lösen in ein sanftes Gleiten der Bahnen, die im Olymp des Kopfes kreisen; es ist der Genuß einer Leibesverschlingung in diesem Kopf mit allem, und die etwas lächerlichen leiblichen Liebesversuche der Menschen werden in diesem göttlichen Liebeskopf der Kunst münden. Nur ja keine Berührungen und Anreden mehr. Stille und Einsamkeit.

V

Nun im Garten der Kunst das tun, was das innere Auge braucht und die Hand vermag. Mit der Seele im Körper und dem Gesetz im Kopf, bei sich selbst, durchgegangen durch sehr vieles auf der Welt, durchgearbeitet von der Welt, aber zu sich gekommen, ziemlich angewidert, gestört von der Welt, wenig Augen entdeckt, Auge in Auge, Augen oft ausgewichen, lieber hineingesehen in das darunter mit geschlossenen Augen, für geschlossene Augen gemalt und gegärtnert, die darunter, da hinein sehen können. Es gibt Leute mit gelernten Augen, die sehen von allem die Fehler; es gibt Leute mit erfahrenen Augen, die sehen mehr; die sehen vielleicht sogar was. Ich sehe was, was du nicht siehst, und das singt. Musik, der Klang, ist das Sichtbarste, was sein kann. So malt Persephone. Sie sieht es absurd und schön, aus einer fremden Welt, die eine wilde, aber nicht verletzende Welt ist. Der Garten dort ist nicht umzäunt und nicht zu bewirtschaften; es wächst, wächst wild, ungeheuer, da wird niemand kommen zum Mähen, da kann man versinken in Wiese und Dickicht, da muß man – und darauf haben wir die ganze Zeit gewartet – einen Bock zum Gärtner machen.

VI

Aber nicht so ein Böckchen wie jenen Künstler! Der da sprang durch die Straßen über Persephones Weg, als sie grad auf dem wichtigen Gang zu ihrem Ohrenarzt gegen verstopfte Ohren war, und ihr was funkte, ihr Bild in Erinnerung von einem Plakat – "ach, Sie kenn ich doch auch?“ – von dem Lärm, den er belauscht hatte, und schickt sie lärmlings durch den Lärm der Stadt zu einer von der Konkurrenz gelähmten zentralen Buchhandlung, die bietet im Ausverkauf sein Buch zum halben Preis und seien noch paar Stück da. Will Persephone sich die Ohren zuhalten und faßt sich an den Kopf, und der lauschende Autor merkt auch den Lärm, den er anrichtet, aber nun ist es geschehen, und mit entsorgten, schmerzenden Ohren macht sich P. auf den Weg, entdeckt dabei ihre wertvolle Optikerin in einem neuen Geschäft, die galt bei der alten Adresse, wo ein Kaufhausagent mit Jalousien eingezogen war, für verschollen, und wollte ihr dieses Kaufhaus aufs Auge drücken als Agent für weitere Klarsicht; aber P. ist entzückt, ihre gestandene Optikerin wiedergefunden zu haben, und findet sogar in der zentralen Buchhandlung mitten im Ausverkauf, wo sie niemand bedient und das Buch, die ganze Buchreihe angeblich bereits ausverkauft und alle nur noch mit Ausverkauf ihre letzten Tage verkaufend, hinter einem Schieberegal genau diese Reihe mit den durchaus nicht verkauften Exemplaren vom lauschenden Autor, nimmt's mit, verachtet diese bankrotten Buchhändler, die alle Kunden nur für halbierte Preise interessieren wollen, und steckt auf dem Rückweg einem alten Drehorgelspieler was zu, der macht's für ne seltene Mark, aber jede Melodie, die er abdreht, ist ihm für sein Ohr und für viele Ohren auf diesem zentralen Platz lieb und teuer. Sucht P. das Ohr vom Lärm des Belauschers und findet, die Klassik besitze den musizierenden Eros und der Lärm des Jazz mache knallharten Sex. Oh, Junge, du verachtest wie ich diesen Schlagetod, der der Supermarktkassiererin, schwarzlockig, fleischig, sinnlich, selbstbewußt und mir sehr verwandt in ihren lebhaften warmen Augen, die Tür in ihrer Mansarde einschlug, weil sie auf seine Belästigungen und Begierde von unerwünschtem Sex nicht einging, und die mir auf der Straße hastig und leidenschaftlich erzählt, sie wolle grad zur Polizei, den Kerl anzeigen, der soll die Tür bezahlen, sie nicht, niemand fühle sich zuständig, und sie könne sich bei offener Tür nicht waschen und solle da schlafen. Der hättest du mit deiner Klassik und deiner abgestandenen Erotik nicht kommen können, die war genau die Frau für Jazz und Sexualität, aber nicht mit einem Mann, der sie als Fotze beschimpft, weil sie nicht will, und nicht mit einem wie dir, der vor soviel weiblicher Sinnlichkeit ganz dünn dahängen würde. Ja, wer hätt da kommen sollen! Sind sie doch alle zu fein oder zu ordinär, die Eunuchen und Satyrn der Plutokratie, für so eine gestandene, proletarische, sinnliche Dryade im Supermarkt! Die selbst Persephone, obwohl sie sie verehrt, nicht an der Kasse die leere Milchflasche für Pfand zurücknimmt, wenn die sie nicht gründlich gespült hat! Wer solch blühendes Fleisch unter schwarzen Locken mit blitzenden schwarzen Augen anzubieten hat oder solche wilden blühenden Gärten mit Fruchtfleisch wie Persephone, sind in der Plutokratie immer die eigensinnigen Frauen, die von eurer alerten, zimperlichen und brutalen Geschäftigkeit betrogen werden. Also wenigstens manierlich werden, Diener machen, anklopfen, wir verachten euch sowieso. Erstmal merken, daß ihr mit euren juckenden, irrlichternden Schwänzen wie mit euren gelehrten, schönrednernden spasmatischen Kopfspermen lächerliche Potenzagenten seid und daß wir nichts von euch wollen: Wir Eier mit dem Keim, wir blinzelnd verschlossenen Eulen, die schweigen und verschwinden können, aber mit dem Brausen von Jazz der Vogelgefieder, mit schwarzen, scharfen Augen, brütend sinnlich, aufgescheucht bei der leisesten Warnung.

Sitzen aber alle Eulen gemächlich im Rund in der Höhe, wenn Gott Pan sich zeigt in einer Höhle und hält Ausschau und wartet ab. Findet die Welt wunderlich, fühlt seine Kraft in einem mächtig erigierten, einsamen Glied vor seiner unverkäuflichen Bocksgestalt. Will was äußern, versteht sich nicht auf die Welt, mißtraut der Welt, hält sich noch zurück, wartet ab, entdeckt mit den Äuglein die Eulen. Findet sie dunkle, starke Vögel; Vögel mit schwarzen Augen wie schwärzliche Eier, kriegt einen Drang, ahnt, daß die Eulen kühl, abweisend, verschlossen sind, ein Rätsel. Er ist sich selbst und ohne Unruhe ein Rätsel, er wartet ab, er denkt nach, er hört es dunkel rufen von den Eulen, über den Ton dieser Musik denkt er nach, ob es ein Ruf war. Weiß es längst. Ob ein Ton ein Ruf ist. Die Eulen schweigen. Wenn Schweigen ein Ruf ist. Er wartet und hat Zeit. So abstrakt war die Welt noch nie.

9. Kapitel

Eulengefieder, gemalt

I

Wenn nun die Kämpfe so vergeblich, das Vergangene zerflogen, die Einsichten zugedeckt, muß Persephone Eulengefieder malen, das Flaumige an Leib und Hals, die Augen umrahmend, glattscharfe Funkelfedern an Kopf und Flügeln, wie es herauswellt und die Kiele schießen aus dem Innern, um es zu bekleiden, verbergen und flauschig abzuschließen, daß nichts hereindringt und nichts herausfällt und die dunklen Wissenden schweben und kauern können überall, geschützt aus sich selbst bei sich selbst. Persephone sah die Eulengefieder der Bilder alle Kränkungen der anderen Bilder zudecken und heilen, und so wuchsen gewissermaßen aus ihren nicht mehr ausgestellten Gemälden die Gemälde von Eulengefieder und wirkten faszinierend und geheimnisvoll, wie es mit der Zeit der Zeit entsprach. Aber daraus kam ein Rufen wie eine fragende Klage, und die Eulen blickten mit den Augen niemanden an, sondern immer starr geradeaus, oder auch wie in sich hinein, große Eulenaugen, die alles gesehen haben und nirgends mehr hinblicken. Wie seltsame, seltene Frauen, die gelebt haben und es nicht noch einmal von vorne wollen. Aber immer noch leben müssen. Mit großen Augen, in denen das Leben vor sich hin starrt. Auch ganz junge Eulen und die schon mit der gleichen altklugen Unberührbarkeit. Alle diese alten und jungen Eulen, die Welt bedenkend und von ihr ungeschoren, waren mit sich allein im Himmel und Persephone, sie in sich sehend, malend, brauchten keinen Pan, erst recht keinen Pluto, nichtmal eine Galerie. Sie flogen in sich selber in den Bildern und kamen sich vor, als gäbe es nur Eulen auf der Welt.

Flog aber der gewaltige Uhu aus der friedlichen Eulenharmonie auf Persephones Schulter und raunzte ihr ins Ohr: "Wir sind keine Schlafenden, in uns pocht noch Unruhe. Dreh Filme mit uns, wie wir wurden, was in uns ist." Zwar schien sein inneres Feuer in seinem prächtig gefleckten Federkleid wie Tigerfell zur Gestalt geworden zu sein, aber sein starrer Blick war auch ein Racheblick und sein heulendes Raunzen klagte an. – "Bist du nicht ein Mann?", fragte Persephone den Uhu. – "Mann oder Frau, wenn wir gewaltig sind, ist das egal. Ich bin Uhu, die Königin der Eulen." Da sah Persephone alles Eulengefieder struppig, und die scheinbare Gleichmut verbarg eine große Unzufriedenheit mit leeren Augen, für die nichts Neues mehr kommen kann, als seien zu viele Herden und Heere an ihnen vorbeigezogen, getrieben und nach Beute, fortgezogen, untergegangen, vergessen, und krabbelten als Ameisenherden durch die Köpfe der Eulen, daß die nun immer juckende, beißende Ameisen im Hirn haben mußten und blickten darum so gefaßt geradeaus und vorbei, konnten es aber nicht loskriegen aus dem Hirn. Eine riesige, vor innerer Bitternis aufquellende Ameise, die gerade mit ihrem bösartigen Zangenmaul in den Nerv beißen wollte und Gift in ein Eulenhirn spritzen, montierte P. zuletzt als Großaufnahme, und da fuhren die Eulen zusammen, schüttelten die Federn und schwirrten auseinander. Sie hatten sich aus ihrem Inneren so wunderbar das sichere Federnkleid gezaubert. Was mußten sich da noch für Ameisen ins Hirn verirren? Diese listigen kleinen, an sich sogar nützlichen Biester! Zuckerwasser will P. über die Aufregung gießen, für die armen Eulen was Süßes, und um die Ameisen zu ertränken. Aber da sind die plötzlich weg, haben Flügel bekommen, der ganze Schwarm aufgeflogen, gerettet. Die Eulen thronen wieder ruhig gradaus, als hätten sie das Wunder vollbracht. Vielleicht war es ihnen im nachhinein recht: so ein kleiner Insektenkrieg im Kopf. Sie blinzeln sogar vertraulich und schweigen. Denkt sich Persephone, die werden es wissen, ob es wohl etwas ganz anderes gewesen sein mag.

II

Das Käuzchen klagend in der Nacht im Park und flatternd von einem Baum zum nächsten, auf der Hut vor Füchsen und Mardern und Raubkatzen, immer rufend zum fernen Mond und rufend dichter zu den erleuchteten Fenstern des Hauses, etwas näher rauschend an das Licht, an die Scheiben, darinnen die Schatten der Gestalten umeinander unter der Lampe an einem Tisch. Da ist Futter, da ist Licht, da ist Wärme, bessere Sicherheit als im Dunkeln im Wind von Baum zu Baum, belauert, ohne Platz, weiter flatternd aufs Neue, für Bissen, für Schutz, Moment Weile. Das Käuzchen schwirrt an den Scheiben um Eingang, die Fenster sind geschlossen, die darinnen sind froh, daß kein Fensterflügel für Federflügel offensteht, denn er ist ihnen ein fremder schräger Vogel, der im Raum nicht Ruhe geben würde, alles vom Tisch fegen, Vasen und Gläser umstürzen würde, die Lampe beschädigen, schließlich verängstigt in eine Nische fliegen und sich nicht herauslocken und fortscheuchen lassen. Der Kauz sitzt auf dem Fensterbrett und ruft um Einlaß. Der ahnt nicht, wie sie seiner Anwesenheit mißtrauen, möchte mit am Tisch, am Rand des Tisches sitzen, etwas vorgekrümelt bekommen und ein Schlückchen; schnappen, schlucken, schnalzen, schmausen, schleckern, ihnen auf den Händen, vorsichtig auf den Köpfen sitzen und dabei gurren und singsinnieren, endlich nicht mehr klagend schreien müssen. Aber die am Tisch trauen ihm nicht, das Käuzchen, der krumme Kauz bleibt draußen, und fliegt allein zurück in sein Gefieder in die Nacht, um in einem Baumloch zu schlafen. Seine Federn schützten ihn genug. Hatte sich aber doch eine Ameise eingefunden. War er allein geblieben. Hatte sich im Kopf die Ameise geholt.

Ähnlich wie die Schleiereule; die hatte früher als Mädchen bei ihrer Familie und später als Frau bei Besuchen oft an Tischen gesessen, aber immer Faxen gemacht, widersprochen oder gar keinen Ton gesagt und nur noch ein finster saures Gesicht gezogen. Daß alle Tischgenossen schimpften: "Alte Schleiereule, was willst du hier, brauchtest ja nicht zu kommen!“ Und führten gebildete Streitgespräche über die Aussichten der Mädchen, wenn sie nach was aussehen und eine Portion Durchblick gelernt haben. Da machte die junge eulige Dame ein Krächz und ein Kratz, mochte nicht Manieren lernen und stob alle Unarten als Federbüsche aus sich heraus, daß sie darin aufflog und als leibhaftige Schleiereule für immer aus dem Fenster hinausflog. Aber es krabbelten ihr im Kopf noch die Ameisen von ihrem ganzen Ärger an den gedeckten Tischen.

III

Die Eulen hatten zuviele Nächte ihre klagenden Schreie in die Dunkelheit geschickt und nie eine Antwort erhalten. Da wollten sie am Treiben des Tages teilnehmen, wenn die Singvögel hüpfen und zwitschern und sich sehr munter aufführen, und sie wollten auch einmal die Helligkeit des Sonnenhimmels und das täglich Hin und Her erleben, wo eins mit dem andern zu tun hat. Aber rasch mißfiel ihnen das Geschwätz der Zeisige, und die Bachstelzen taten zu vornehm, die Spatzen lärmten, die Dohlen und Krähen zankten sich, und der entzückende Kolibri tirilierte ganz klein und allein mal hier, mal da ohne Gesellschaft. Die Eulen flogen eine Weile beobachtend herum und versuchten, bei den verschiedenen Artgenossen des Tages zuzuhören und sich vielleicht anzuschließen. Aber der Wunsch, sich zu einer der Gruppen unter den Tagesvögeln hingezogen zu fühlen, versank in Enttäuschung; gleichzeitig wurden sie selber als fremdartig und abweisend angesehen mit ihren großen starrenden Augen, ihrer unsicher wirkenden Gewaltigkeit und ihren zwar nur sehr leise gehaltenen dunklen Stimmen, die aus dem tiefsten Innern wie einer seltsamen fernen Wildnis zu kommen schienen. Und als die Stimmen doch manchmal lauter wurden, als wollten sie fragen und etwas bei den flotten, ihre jeweilige Unterhaltung pflegenden Singvögeln suchen, da wurden die kleinen und großen Lerchen, Drosseln, Raben und sogar die schwerfälligen Tauben wurden sehr böse und stoben auf, scheuchten die erschrockenen Uhus und sonstigen Eulen, daß sie sich im finstersten Wald auf den obersten Wipfeln verbargen und stille hielten und auf die Nacht warteten. Aber auch in der Nacht, in allen folgenden Nächten erhoben sie ihre Stimmen nicht mehr wie einst zu ihren tiefen durchdringenden Rufen. Es war seit jeher vergeblich gewesen, das wußten sie nun endgültig ohne Hoffnung. Sie tönten und brummten ihre klein gewordenen Jammerlaute noch ein wenig vor sich hin, als sprächen sie mit sich selbst: Uju, aja – eje. Gaben sich selber die kleinen, nichtssagenden Antworten. Flatternd träge mit gesenkten Köpfen, starrem verschleierten Blick. Da erblickten sie langsam etwas, sie, die seit langem nichts mehr wahrgenommen hatten, erblickten allmählich eine immer dagewesene schwere ungefüge Masse, die wollte Gestalt sein; aber nichts zu erkennen als ein großes einsames Glied, das stand wie eine Frage ohne Antwort, und jetzt, wo die Eulen ihr Rufen aufgegeben hatten, manchmal noch mit sich brummelten, aber um ihre Köpfe das große Schweigen gezogen war, bisweilen noch eine Ameise am Hirn zu knabbern suchte, um dann auch zu verenden, in dieser stillen Abgesondertheit und Insichgekehrtheit, da vermochten die in langen Zeiten groß gewordenen Augen der Eulen, die alles gesehen hatten und keine Neugier des Hinblickens mehr kannten, Pan zu bemerken als eine Gestalt seit Anfang mit der großen Frage.

Die Köpfe der Eulen waren nun vollkommen ruhig. Sie schienen die schweigende Antwort zu sein auf die stumme Frage des Pan.

Persephone verläßt die Salons der Plutokratie und folgt den großen Eulenaugen, in die ein Blick geraten ist, in die ferne Wildnis, was sie gewahr werden mag an dieser Urgestalt der Einsamkeit, dem Bock; dem, der nicht da ist, wenn seine ungeheure Stille da ist; der da ist, wenn er nicht da ist.

So ist die Ahnung Persephones vom Phänomen des Pan. Zögern und Erschrecken. Aber auch Gefaßtheit. Sich Einstellen auf Blitzen und Krachen. Das dann da sein wird, wenn nichts ist.

Sich darauf einstellen, das zu spüren, von dem es besser ist, daß es ausbleibt. Von dem aber spürbar ist, es steckt wo.

10. Kapitel

Wege in die Landschaft Pans

I

Persephone, festhaltend malend einiges Gefieder, wobei Büsche von unbeachteten Eulenfedern auffliegen, wegfliegen und nirgends sitzenbleiben, hatte dazwischen unbestimmbare Räume gelassen, seien sie frei oder leer, faszinierend oder düster, als wisse sie selber nicht, ist dort der Schatten von Pan oder was, auf welche Weise. Dachte, dort dichter ranzugehen, das von den Eulen angedeutete Land zu betreten und sich vorzustellen, sie begegne Pan, mache die Erfahrung Pans und seines Reiches und wollte dafür sehr gern verlassen die Plutokratie, sie hinter sich lassen. Müßte aber doch lieber ihre Wohnung hier und Rechte behalten, denn wie mag es zu ertragen sein bei Pan, und ihr selber war es ja an sich ganz bezaubernd ergangen im Reiche Plutos des Reichen. Wollten nun immer mehr Arme und vom Tod Bedrohte aus den Ländern des Elends und Krieges zu Pluto. Mars, der ihnen mit Waffen und Gewalt ihr Zuhause genommen hat und ihren Spielraum des Alltags, bedroht ihr Leben, und sie fliehen zu Tausenden unter Plutos Schutz, dessen Kleinkrieg um den Bedarf des Daseins dagegen harmloses Manöver und Übung der Taktik bleibt. Steht P. vor einer sehr praktischen Frage. Wenn sie nun selber so unbehelligt sich aufmachen darf, um das Land Pans zu suchen, reinweg weil sie vermutet, bei Pan sei Pluto machtlos, sollte sie dann nicht wenigstens solange ihre Wohnung in der Plutokratie Flüchtlingen aus dem Kriegsland des Mars zur Verfügung stellen? Aber die ängstlichen Vorbehalte, wie das bei den Behörden organisieren, und wird der Hausbesitzer einverstanden sein, schließlich die Hauptfrage:

willst du Fremde bei deinen eigensten Sachen in deiner Abwesenheit? Nicht daß sie ein Haushaltsgerät beschädigen oder Persephones Bettwäsche benutzen würden, ist das Tabu. Aber anrühren meinen Innenraum auf den Blättern, sitzen in meinen Bildern und Entwürfen und dem ganzen Stallmist einer Künstlerwohnung, aus der man tunlichst sonst nur die Exponate zeigt. Nein, so dicht bei mir sein, nämlich bei meinem Eigensten, ohne daß ich in Person dabei bin, dürfen selbst vom Tod Bedrohte nicht. Woran man sehen kann, wie weit es her ist mit der göttlichen Nächstenliebe bei einer malenden Göttin. Ist es ihr doch, als sei dieser ihr Raum bunt und rauschend von Gefieder, und goldene Eier, wo man hinlangt, ein kostbares Schloßgemach. Und lägen da hinterher Eierschalen und ausgerissene Federn durch eine ungewöhnte Einquartierung. Kann man nicht lassen seine Sachen denen, die ein Dach bräuchten. Gibt doch immer irgendeine Sorte von Eigentum, da läßt man keinen ran. War Persephone zu lange Künstlerin in der Plutokratie und hat das gelernt. Wäre sie nicht von Pluto dorthin verführt worden, hätte sie gar nicht aus Selbstschutz Künstlerin werden müssen. In Demeters Reich konnte sie leben als Kind, und das Spiel war Spiel für das Spiel. Das gilt immer noch, und gibt nichts anderes; und ihr mit euren Überlebenssorgen seid mir so egal. Viel zu viel Augen hab ich euch gemacht in euren Spiegelläden, an euren Mülltonnen. Das stille Gefieder ist malend an mich gewachsen, und ich schaue nach ganz woanders, habe die Wohnung noch bei euch, ohne euch, aber fliege bereits in dem Raum, der wohl nicht frei oder leer ist, sondern noch unbestimmbar unbewohnt, wartend, wartend auf den zugehörigen Ton, an dem man Pan hören wird.

II

Denn im Zentrum der Plutokratie hatte es unablässig gefunkt, die Luft war elektrisch geladen von Signalen für innere Ohrmuscheln und Härchen von Nerven, die sich sträubten, Seelen sich igeln mußten von den Stromstößen, die sie ins Vibrieren brachten und aus ihnen wieder herausschossen als spitze Stacheln, mit denen sie aber auch die kribbelnden, sengenden Reize abschotten wollten, und standen ständig in der Spannung des Aufladens und Abreagierens, dem Zwang. Hatte P. sich Nachrichten funken lassen, Meldungen, Programme von überall her, um sie, durch sich durchlassend, meinend, zu verarbeiten, entwirren, Bahnen zu suchen, und wurde stattdessen umso enger verfangen, erdrückt in den Verwicklungen, erwartete noch die Rufe der Plutos, der Aphroditen, weil doch meine Welt, auch eine Welt, erlittene Welt; Schrecken des Klingelns, des Ziepens plötzlich, von wem, wer jagt durch die Kabel des kreischenden Cash aller Kassen und Kanaillen in mein kleines Luftloch, das ich um meine Hauthärchen aufgespart habe, damit sie nicht ständig zittern im Strom, wer piekt mir den Schmerz in den Hörnerv – und erwarte ihn sogar, süchtig gemacht. Die Bilder verschwimmen, die Filme zerreißen in der Vernetzung mit wirren Impulsen des Draußen; denn draußen ist alles, was nicht aus dem Fließen der inneren Eieruhr kam, und daher gibt es um das sanfte Gleiten durch das Haarnadelöhr der wenigen Minuten dieser inneren Uhr nur das immense mordende Draußen.

Hindurch, mit vielerlei Gepäck des Bedarfs für Körper und Kunst, durch die Tollwut des Beinahe der Zusammenstöße und Verluste, in einem Ausbruch hinaus, der Persephone so glatt und gleitend gelingt, daß sie allen Fahrern und Reisebekanntschaften sagen kann: Da haben Sie Glück mit mir gehabt!, weil durch Zufall der Zug früher dastand, als dem Taxifahrer fürs Warten darauf bezahlt, oder die Fahrer gar nicht zu fahren brauchten, oder das Gepäck die Beförderung wie von selber packte, oder die Platzreservierung anderer Reisender eben nicht reserviert und als so überflüssig wie in der Achterbahn sich erwies, wo keiner stehen muß, und die junge Schöne der letzten Station über dem Notenheft summte, mit den spielenden Fingern eine unsichtbare Flöte zu unhörbaren Vogeltönen umspannend. Da rauschte noch die Bahn, fiepten Signale und hasteten Eilige. Sah aber Persephone die unsichtbare Flöte, ahnte, es wird werden Ton. Ruhe des Tons, ohne zu signalisieren. Ton als Ton. Vogel als Vogel. Sturm als Sturm. Baum als Baum. Und wird ein Himmelsschein um sie, von ihnen wehen unter der düsteren Endlosigkeit.

III

Erschien das Bild der mächtigen Weide zum ersten Mal, wie nie zuvor gesehen, und größer, als wenn oft und öfter erblickt; klapperte der Specht zum ersten Mal; rauschte der Bach, daß es nur ein Mal als das Unerhörte klingt. Gaben ihre Zeichen, sprachen in Zeichen. Mußte man nicht wissen das Alter der Weide, denn sie schien nicht ans Sterben zu denken, mußte nicht kennen den Namen dieses sehr kleinen, sehr flattrigen, sehr zähen Spechtes, und ob die Art etwa vom Aussterben betroffen, mußte man den Bach nicht wahrgenommen haben bei Tage mit Augen, aber im Nachtgewitter Klatschen von Wasser auf Wasserfläche verstanden; nun mag da ein Bach rauschen oder nicht, vielleicht blieb nur abgestandenes Kellerwasser am

Haus, im Nachtgewitter bei Pan rauschen dann Bäche, wenn Wasser auf Wasser prasselt; und springt eine Quelle aus einem Stein im Blütenrund, von der niemand mehr Spuren findet als höchstens einen abgestellten Rasensprenger, liegengelassen neben geschlossener Steindecke, aber in Pans Sonnenhitze am Mittag Fontäne aus dem Stein: so skizziert es Persephone mit den zehn Fingern, als wolle sie Flöte des Pan spielen, kriegt Fleckenspuren der Stifte an den zehn Fingern, die sie nicht fortwährend abwäscht, sind ja Spuren der Farben mit den Räumen zwischen den Farben, die bedeuten und sind Zeichen, sind mit sich selber als Zeichen. Feixt Pluto von weitem durch die Röhre: "Der Reichtum des Lebens ist teuer." Seufzt Mars auf den Kanälen des Globus: "Das Leben ist kurz." Aber weiß der Specht nicht, wie wäre sein Preis, wollte man ihn handeln; kennt die Weide nicht ihr Alter; springt das Wasser hinauf, fällt herunter, prasselt auf Wasserflächen – nur dieser Klang der Wassertropfen und das Rauschen des Baches, das Hämmern und Singen der Vögel, die wehenden Blättchen der Weidenzweige füllen die Luft. Weiß Persephone, daß auch dort überall Hades die Spuren seiner Gifte gelegt hat. Pan springt in Bocksprüngen drüber weg. Fliegen auf dem Rücken von Zauberer Pan. Abspringen, sowie er bockt. Dann aber als Ziege ein großes Gemeckere und Geheule anstimmen, daß die Götter staunen und selbst Hades ein Weilchen irritiert ist, was er da immer so treibt.
Sich weigern im Lande Pans, die neuesten Meldungen von Mord und Gewalt und heimlichen Giften gefunkt zu kriegen, und es doch wissen; sehen mit dem inneren Auge die Getriebenen, Verendenden überall in den Rümpeleien des Globus; das Schreien, in einem Meer von Schreien die leisen Sprachmurmeln ertränkt hören müssen, und nicht taub sein für den Tod des Schweigens. Dies einprogram-

miert in die Sinne durch die Usancen der Plutokratie; mit Eulenfedern, Igelstacheln, die sich gegen sträubten; Eier liegengelassen in Verstecken. Sucht Persephone denn nun hier Pan für sich selber, daß sie vergesse endlich das Schreien bei seiner Vogelflöte? Oder meint sie, sein Zauber könne das Klagen und Kreischen umstimmen, in Klang verzaubern, in Schweigen zurück? Aber genauso wenig wie wir, weiß Persephone das. Sie folgt, sobald sie es wahrnimmt, dem merkwürdig lockenden Winken Pans. Oder warnt er nicht beinah? Das ist der Zauber, der stehenbleiben und vergessen läßt, wegzaubern macht das Meer der Schreie und die eigenen Ängste. Prasselt der Regen aufs abgestandene Wasser der Kellertreppe; fließt als Bach unter dem Haus.

IV

Denn schreien und aus der Haut fahren müßte Persephone selber, gekratzt, verletzt, vergiftet durch zuviele Bisse der Furien, der furorischen Figürchen, die ihre Zähne in Papiere gehackt und mit der Post aller Drucksachen und Pressepressalien das Hirn erpressen, den Drehpunkt der Hebel der furiosen Kauwerkzeuge all dieser emsigen Figuren zu belichten und einzufangen, nur Moment; aber Tausende Knipsmomente für alle diese Knackhebel, und schon schaukelt das Weltall, man schleudert durch die Gebisse der Freßpressfurien. Indessen Persephone bleibt in der Haut und schaukelt weit über Regenweiden, spült das Pressende ab, meint, den Regen der Schafsweiden, Ziegenweiden zu trinken, wo es wässert und rauscht herunter und im Gras sickersackt, daß nie Schreie aus Häuten fahren müssen, sondern ein Glucksen von Tropfen in Büschen und Bächen als Ton des Hirten stimmt, der die

Weiden bewacht; und dann wächst er vor Persephones Blick zu einem schützenden Wall, der hoch und breit über die Ebenen wandert: wird die Druckerschwärze zuzsammengepreßt in ein Häuflein stinkenden Mists und trocknet dann, hart, fällt zusammen.
Wandert der Wall und türmt sich auf gebirgig, sperrt ab. Rissig, rauh, drohend. Ist er nun Schutzwall, wird er Drohgebirge, aus dem ein Drache geistert? Wandelt sich Pan ständig, immer als massiger Brocken, der die Schutzsuchenden bergen, die Beruhigten schrecken läßt. Und entfaltete sich zu Gliedern, die winken, locken, drohen aus allen Richtungen. Leiblich, gestalthaft, berührend. Faßbar mit Sinnen; fühlen im Körper seine Stimme und heilen lassen die bei Pluto geziepten und zersägten Nerven.
Auch Artemis ist aus der Metropole der Plutokratie entflohen und jägert tänzelnd durch die lichten Fluren der Burg von Lux. Darf sich endlich charmant und gewinnend geben und fängt Schmetterlinge, muß nicht mehr Marder und Schlangen und Raubkatzen umbringen oder antreiben die Kamele des Zoobetriebs ihrer Zunft. Geselliges Arkadien der romanischen Nymphen und Bacchantinnen umgibt sie, und sie versucht nur kleine Attacken der Jagd für die unsicher reitende Europa, daß der Stier dieselbe nicht auf die Hörner nimmt und ausrastet. Dagegen hat es Persphone mehr in nördliche Düsterebenen oder Lichtgefilde unbestimmbarer Einsamkeiten und Stille verschlagen. Mit den Vogelflöten als Stimmgesellschaft auf dem Grund des Grüns von Feldern und Weiden und einer einzigen Gestalt in jedem Baum, jedem Haus, jedem Menschentier, die wandelt sich in alle Gebilde und wächst darin, winkt, weist ab, bleibt bei sich; die steckt in allem, Persephone nähert sich ihr, empfindet in sich in allen Organen das Pulsen der Pansgestalt. Das ist das irdische

Glück der alten unsterblichen Götterwirklichkeiten, die im All der Welt leben und leben und leben. Nicht jene Buben und Mädel, wo sie auch alle auf diesem erbärmlichen, weil konstruierten und zerplanten Globus staksen; und hier und da die einen und die anderen mit ihren Heiligenflämmchen um das Stecknadelköpfchen in ein Reißbrett gepinnt, daß sie glimmen für paar Andachtsminuten künstlicher Kreativität eines drahtigen Geistes. Wegschlafen diese Spießergesellen, und in den Untergründen der Träume pieken und plappern sie noch ihr Nadelwerk unwegsam, aber dringen nicht ein in den Lauf der Tage, ins Gesicht der Wachenden. Die sehen das Handwerk Pans mit seinen vielgestaltigen Gliedern, die wie von selber fassen, erfassen, falten, einwickeln, treiben lassen.

V

Bauten sich Baumwipfel zu schillernd durchlässigen Dächern und spannten sich Zweige zu Arkaden über Wegen als Gewölbe des Himmels nah über Köpfen oder bisweilen in den Köpfen drinnen, daß der leibliche Kopf die Milchstraße im Hirn über schimmernden Blätterbögen auf verwurzelten Stämmen trug, und wanderte so mit seinem Körper durch Raumschrägen über Treppen in offene Gemächer mit vielen Sitzen und Mittelpunkten oder Mitteilungsmaschinen, wo niemand saß oder verkündete und opferte, daß der Kopf mit dem Körper im Tempel zum Tempel wurde, bis eine Vogelstimme tirilierte als einziger Laut von außen, der wußte: Bilder sind Einbildung und eingebildete Bilder sind wahr, das ist der Kult. Sang dieses Lied mit Jubel aus dem Vogelbauch, bis dieser nichts mehr in sich hatte. Dann stürzte er sich auf fette Schnecken in den Wiesen, schnappte und verschwappte sie. Da stand eine weiße, weißgeschleierte Braut mit schwarzem Haar und langen weißen Handschuhen auf dem Weg im Grün der Büsche und wurde so auf immer im Bild gehalten, in Weiß mit bißchen Lockenschwarz, vor lauter Laubgrün, in der Mitte die kleine Welle rot, die trinkt und getrunken wird vom Bräutigam auf eherne Zeiten. Statt des Weihwassers feuchtes Gras, als Sakrament der für immer lichte Moment auf den dunklen Kristallen des Films. Kult der Einbildung, um die Wahrheit zu sehen. Drückt Pan das Bocksauge. zu, um das andere weiter aufzureißen und schärfer das Motiv einzukreisen. Die Braut lächelte mit munteren Äuglein. Pans Grimasse kneift das linke Gesicht zusammen und reißt das rechte zu einem solche Krater auseinander, wie sich Kinder die Weltraumkamera vorstellen: Ich will euch nicht gesehen haben – nun müßt ihr dastehen auf immer. Und schlief der Bach dabei ganz trüb und gleichgültig, spiegelte gar nichts, stumpf mit Heu auf der Haut; hingen die Keimbüschel träge in den Eschen; rührten sich nicht Wolken, nicht Luft.

11. Kapitel

Die verwandten Genossen von Pan. – Wie Persephone sie einbildet aus der Plutokratie und vom Olymp

I

Ist geheimer Faunus der Hausherr des Schlosses im Lande Pans mit in sich gekehrt geselligen Nymphen und stumm blinzelnden Satyrn. Pan winkt nur von weitem, in den Zwischenräumen, liegt einzig für Persephone als das innere Mannsbild in Gebilden und Gestalten überall, auch wenn sie ihm nicht begegnet, sich nur erinnert, ihn manchmal zufällig getroffen zu haben glaubt als ein ansprechbares Gegenüber, mit dem man Blicke wechseln und Hände drücken kann. Waren indessen wohl andere Götter, mit Ähnlichkeiten zu Pan; sind sie doch alle verwandt, diese ewig vögelnde Inzestsippschaft. Und auch Persephone kommt am Grund immer wieder darauf zurück, auf dieses andere Eine als das Einzige, ohne Namen. Hat alle göttlichen Mannsbilder früher mit Pluto verwechselt, nur darum. Weil er sie in die Plutokratie gelockt und geliebt. Jeden Mann zum Abbild Plutos gemacht je nach Potenz; später geplättet, abgeheftet, mit Zähnen zerrissen. Auch den verhärmten Hermes, den knackigen Satyr, schließlich die Kanaillen von Hades. Aber hier im Lande Pans muß sie wieder alle diese männlichen Seinsgenossen erinnern, und da sie Pluto verlassend Pan sucht, bilden sie sich neu, erscheinen als Verwandte des Pan. War nicht selbst Pluto der Erste ein reicher potenter Onkel von Pan, der dann in seine eigene rechnende Richtung ging? Die kleinen Satyrgespielen hatte sie bei Dionysos getroffen, und war dort etwa Pan brüderlich trinkend zugegen gewesen? Aber der zarte, schmale und weit durch Länder und Wissen herumirrende Hermes, dem sie hier und dort und immer wieder woanders begegnet war, den dachte sie jetzt als geselligen Freund der Nymphen und Vater Pans, erheitert über sein Baby im Bocksfell; wie da alle Götter belustigt, aus Lust lachten. Also mußte etwas von Pan schon früher Persephone geliebt haben, und sie, immer wieder verliebt in diesen oder jenen, hatte in Pluto oder Hermes oder sogar dem ungeheuerlichen Dionysos auch den Verwandten Pans geliebt – den kleinen Wink, den Bockstritt, das wilde Lachen, süße Pfeifen und das große Schweigen.

Kommt Persephone durch großes Gedränge in Straßen, auf Plätzen, in Hallen, hat ein Paket unterm Arm, von dem sie, in Eile unter vielen Passanten, gar nicht den Inhalt im Kopf trägt, aber fürsorglich an sich gedrückt als etwas Kostbares, das auf den Weg gebracht werden soll, trifft Artemis mitten im Getümmel, beredt, geradezu schwatzhaft, die hat einen Kreis Zuhörer um sich geschart, erkennend grüßen sich Persephone und Artemis, muß P. aber weiter und steht plötzlich vor einer Arbeiterin in einer Halle, wo gepackt wird; die sieht sofort, daß das Paket unter P.'s Arm befördert werden soll, hält ihr einen Plastikkorb hin, der ist leer, da soll Persephone das Paket hineinlegen, die tut es bedenkenlos, der Korb wird an die richtige Stelle gestellt, von der man erkennt, es werden Pakete geschichtet und befördert; aus den entschieden zupackenden Griffen der Arbeiterin erkennt man das und aus ihren alles Greifbare im Griff habenden, konzentrierten Mienen ohne Rede. Nun also, dann wird es ja gehen. Auf den Weg gebracht.

II

Wenn die unterirdischen Traumgänge der Metropole der Plutokratie die Tagesirrfahrten durch die Netze des Einzuholenden rekapitulieren und vor dem Wink nach einer geraden Sache kapitulieren, entsteht der Leerraum zwischen dem Flattern des Innenraums und der Inbetriebnahme der alles befahrenden Automobilik, bis das Zündschloß gefunden, der Motor, die ganze Maschine in Gang gesetzt ist und das Straßennetz nur noch drumrum vorübergleitet, das Ich sich bewegt. In diesem aufstehenden Leerraum, der alles Erfahrbare zu Schattenfluchten an die Ränder der Perspektive nivelliert, trabten gewichtig die Schritte von Pluto, stimmten die Konturen seiner dunkelglänzenden Statur. Sie füllten den Raum, setzten in Bewegung, trugen das Haltlose. Immerfort auf diesen geschmeidig gelenkigen Flanken des Pluto galoppieren wollen mit der Empfindung schwarzer Seide, was die Bleitresore der klapprigen Knochenkratie zu Schatzkammern schwenkt, wo Dollarnoten rosen und Franken lilien, D-Markscheine fett tulpen und kleine Ecus als Frühlingssprößlinge erblühen; das trieb aus der weichen Haut des Schattenfürsten, mit seinem festen Fleisch der Sprintreitermuskeln auf flexiblem Gebein, und so alles mitreisend in das Loch der Unterwelt immer wieder mit einem scharfen kräftigen Sog gezogen, als müsse zuunterst am Grund der geschliffene Spiegel der Antwort leuchten, das Du. Das Du des ganz Anderen. Das Persephone, allein mit Demeter, in der Endlosigkeit der Halme erwartet hatte, und in der Erregung, dem Schock des Raubes wurde es zur Sensation des Begehrten. Immer aufs Neue der Künstler des Enführungsrittes, besaß Pluto für Persephone den Reiz des Winks des ganz Anderen. Am Grund, nach stürmischem Zug genossen entleert, etwas dicklich kraus Säuerliches; abgestanden, schmuddlig. Spiegelt der Boden so gar nichts herauf. Sieht Persephone kein Du. Immer wieder abwaschen, daß das Gefäß wenigstens durchsichtig bleibt, Sicht gibt auf Schwünge und Sprünge von Pluto,

dem Galoppierer. Viel los mit Pluto, drumrum was los, läuft los, ist entschwunden, liegt der Wink seines Laufes noch lose in der Luft, bewegt die Luft um Persephones Schultern, daß sie nicht alleine schaukelt, wehendes männliches Fluidum, warme Umwölkung, geballte Galoppwolken. Vielleicht wartet fern die Leere eines Außen, vorher gefürchtet, aber Leere eines klaren Zugs in Zukunftslinien, wohin sie selber galoppieren, einen Punkt ansteuern kann, der sich verdichtet zu einem Bild, Gegenbild; grundiert, belichtet, weiterweisend durch die Leere zu Bilderpunkten, bis die Leere bildet Blicke. Aber weit reist Hermes durch Lande, Länder vergessend, gewinnend, Länderhimmel verwechselnd, hält Persephone sich noch auf dem Grund von Pluto, im Untergrund Plutos, will herauskriegen das abgestanden Säuerliche, das müßte doch nicht, braucht man nicht, weg damit, andersart, soll Pluto abputzen.
Pferde machen Pferdemist, Pluto macht Gold. Erjagt, errennt, erspurtet Gold auf Gold mit aller Kraft seines Stoffwechsels im Drang. Klappt. Und Kloß auf Kloß aus seinem Hintern. Rennt und spurtet auch für göttliche Weiber, jagt sich heiß allein in alle Winde, um in die Waben zu dringen, die kleinen heimlichen Weiberwaben, macht aus jedem hartverschlossenen Weibertresor eine blühende Schatzkammer, wo die Schloßfrauen dann auf dem Grund der im Sog genossenen Pokale das innere Bild suchen, und immer das etwas faule Säuerliche hat Pluto zurückgelassen, ist schon weiter gestürmt zu anderen Kammerwaben, herausgepreßt sein Bild spiegelt sich in den Goldklumpen des Hintern, die sich türmen und aufbauen turmhoch zu goldenen Türmen, und Pluto grinst; schaut an sich abwärts, wo vorn am Bauch etwas bammelt, dreht sich um, schaut hinter sich aufwärts auf den mächtigen goldenen Turm, der sich da aus dem Ausgeschiedenen aufgebaut

hat; der leuchtet kraftvoll und spiegelt Plutos inneres Universum frisch und blühend: zum Anbeißen, zum Auf-essen, zum Fressen schön. Ja, das war's dann wohl für Persephone und die anderen Wabenweiber in den Schlössern, da blieb nur ein Restchen säuerlich Ausgelaufenes vom großen Pluto. War wohl doch nicht so doll mit dem Dingansich des Pan bei ihm. Wenig, zuwenig Eigenerkenntnis; viel hineingerafft, verwertet, aufgeschichtet; Turmüberkopfundschwanz; goldenturmreitend aus dem Untersten zuoberst und immer mehr, immer höher; kack, und wieder ein Kloß; Scheißgoldturm Plutos, eilig produzierend im Galopp. Wischt Persephone den sauren Satz vom Grund der Gläser und sieht nichts. Läßt sie stehen; putzt er sie nicht, putz ich sie auch nicht, verdrecktes Giermaul; putz du nur dein Gold, ich laß deine unappetitlich verkommenen Ergießungen des Schmeckensberührens ungewaschen, lasse sie stehen, benutze alle die Gefäße nicht mehr und will sie nicht als Bilder. Häßlich grau verschmutzt, riechen nach Dreck.

III

Die Reisen des Hermes ziehen als weite, weitschweifende Bewegung, nehmen mit den Schritten wahr, was von den Wegen abwegt, und wagen Steigungen, sich steigernd in das darüber, um in Täler zurückzukehren, die als Flächen, ebene Teller sich ausbreiten, nicht versinken zwischen Bergesenge. Bewegt er sich in Niederungen, abschreitend gewissenhaft das kleinere Begehbare, zu treffen das Entgegenkommende dort, sucht das entferntere Höhere, wenn es seinen Aufstieg zu verlangen scheint, überquert es und hält nicht inne. Standbilder von Hermes mit den Flügelschuhen, dem aufbruchbereiten angewinkelten Knie des Beines. Keine Bildchen von Hermes zusammenpressen in Rahmen des stempelnden Blicks; Hermes führt heraus, selber vorangehend, nicht an der Hand nehmend, aber für Reisebereite von weitem sichtbar in Bewegung vor ihnen als Sequenzen eines filmischen Stromes des immer Weiteren.

Hastet Persephone mit Paketen unterm Arm durch gedrängte Straßen, von Artemis gegrüßt für einen Blickwink aus Menschentrauben, legt Pakete bei Arbeiterinnen in vorgehaltene Plastikkörbe für Beförderungsbänder, während Hermes den erreist Erreichten in die Hand gibt, auf seine Botschaften Wartenden vor die Tür legt, sie aufsuchend gefunden hat. Als er Persephone traf, gab er auch ihr etwas, von weit entfernt Herangeholtes; sie ihm von ihrem eigenen Aufgefundenen. Das gefiel Hermes, und sie begannen gemeinsam auszufahren, dorthin wo einem der beiden noch Unbekanntes, hierhin wo der eine oder die andere schon erfahren. Gibt Persephone Pakete bei Hermes ab, bringt Hermes an seinen Wanderstab gebunden Fundsachen und Andenken zu Persephone. Manchmal das auf erkannt Verlorenes Gereimte; andermal die Vogelspuren von Weggeflogenem, entfernt oder vergangen Fliegendem. Neuland für Persephone, einladend, wohnlich, anregend zum Erwandern, Ausschau halten, vertiefen; Kartennetze für eigene Mobilik, auf denen hier ein Name und dort ein Datum, stets mit dem Signum der Signifikanz steht, woraus sich Dimensionen von Reichen und Zeitaltern mit Lebensläufen eröffnen. Schnürt Hermes dann und wann ein Paket von Persephone auf und wundert sich. "Eier“, meint P. zu erklären. – "Aha. So. Ja. – Hhm…“, macht Hermes. Damit ist es gut und hat sich. Oder etwa nicht? Kann passieren, daß Hermes nicht Geschmack an Eiern findet. Mag auch sein,

Persephone will, Hermes soll Eier begreifen, vorsichtig umfassen mit seinen Händen aus Hirn. Ein ganz vorsichtiger liebevoller Eiertanz des Paares tänzelt manchmal in den unsichtbaren Reihen anderer zauberhafter Paare die Figuren einer Polonaise um die unerhörte hohe Figur glücklicher Sehnsucht. Sehnt sich Hermes, Persephone beim Tanz zärtlich anblickend, nach weiteren Reisen zu Fundsachen, aus denen er sich heimholen könnte. Persephone sieht nur die Augen von Hermes, will sich in diese Augen versenken, auf den Grund der eiförmigen Augen blicken, das Du des Gegenbildes trinken, schmecken, begreifen; eins sein, eineiig sein mit dem Augendu. Muß aber in den Augen das ganze Kartennetz erkennen und wie Hermes darin bereits davonfliegt, woanders tanzt, sich findet in dem undurchsichtigen Untergrund der Worte, wo ein Name, ein Datum, die Graphie eines Seins umrissen wird in einem Netz von Worten, in dessen Fäden, Zwischenräumen überall als Einziger Hermes sich auskennt und sich kennt, sich weiß, seine Antworten, sein Du findet in jeder Masche des Netzes, in die er wiederum etwas von sich hineingelegt, etwas von sich selber herausholt und mitnimmt. Da hat Hermes auch Eier Persephones hineingesammelt und ein paar als Zeichen auf Nadeln darin aufgespießt, daß er sie wiederfindet. Fremd erscheinen sie Persephone. Nicht wiederzuerkennende Markierungen im Reisereich des Hermes neben unzähligen anderen Wegweisern. Holt P. sich ihre Eier wieder aus dem Netz heraus, schmeißt sie Hermes an den Kopf, sieht seine Blicke nicht mehr aus schönen Eieraugen kommen, sondern das sind so kalt abschätzende, bohrende Raubvogellinsen, haben da was von P.'s Eigenstem ausgelinst und erbeutet und kalt in der Galerie der Mitbringsel aus Raubzügen aufgespießt, und du, du hast mir ja nie dein eigentlich Eigenstes gegeben, sondern was du überall als das Deine an dich gerissen, mitgeschleift und aufgestellt hast, um dich damit zu produzieren. Nichts als eitel bist du, ein Lackaffe, spiegelst dich als Schönling von Affe noch im Blinken des Lackes! Hermes sieht weit in die Ferne, leidend, mit hochgestirnten Fernrohrlinsen über Persphone hinweg bis in die Straßen des Firmaments, wo ich ja als der geborene Gott eigentlich immer wandele, seit eh und je, in alle Ewigkeit; und diese kleine Eierhenne habe ich für eine Göttin gehalten, wie konnte mir das passieren, die wollte ja mit mir am liebsten Eierpampe ausbrüten, die wollte wohl warmes Bett mit mir und aus ihrem klebrigen Eierbrei endlich mal was flügge kriegen durch mich, daß sie was hat, was ausfliegen und verreisen kann und zu ihr wieder heimkehrt mit Neuigkeiten, denn die kennt die Welt nicht, kennt das Wissen doch gar nicht, mein Fernere, Höheres, da wollte die mit mir ihr Nest, ojemine, mir graust vor diesem Eierstock, vor diesem verstockten stockdummen Weib, wie bin ich nur so aus allen Himmeln gefallen. Ich nehme den Stab, breche die Buchstaben über sie, spaziere an dem Wanderstab von dannen. Wandere zu den Nymphen. Vielleicht hübsches Nymphenliebstündchen. Ich habe Lust auf was Besonderes, auf einen raschräuberischen Bums mit was wie ner Nymphe. Der ich ein Rauhbein von einem Bocksbaby verpasse. Denn mir ist nach Rache, Rummelei, eh-, ja-, ku-gelstoßen, kegeln, manchmal mit einer kleinen süßen Nymphe darf sich auch der nach Höherem Suchende gemein machen. Und dann ein räudiges, rauhhaariges kleines Bocksgottbaby zum Todlachen, so einen Fratz will ich sehen, zum Spaß ein bockiges Kind. Den soll erziehen, wer ihn füttert. Da springt Hermes auf die Seite und dann ab und woanders, wieder anders gesehen.

Persephone sieht in sich hinein, geht in sich. Bemerkt ein Lachen in sich, das war ihr vorher nicht verwandt. Beinah ein Bockslachen. Woher habe ich das. Muß ich wohl manchmal an Hermes denken und aus der Tiefe, aus dem Bauch herauslachen. Pangelächter. Eierphantasien. Auf meinen Bildern lacht etwas. Manchmal melancholisch lächelnd, als wolle es fliegen zu den fernen Höhen der Reisen des Hermes. Aber öfter lacht es bockig, bauchig, zottig. Hab ich nun Pan im Bauch, hat mir dieser Bote der Götter doch ein Kind eingedichtet, aus meiner Wut auf ihn. Eines, das ihn auslacht, das in mir lacht, das trotzdem lacht.

IV

Will Persephone aber nicht mehr Pakete abgeben, wenn sie dann geöffnet offen nichts herzugeben scheinen und sie selber mit dem Inhalt um sich schmeißen muß. Höchstens Artemis, die auch Pakete im Sattel hat, kann Persephones Post begreifen. Aber schichten in Plastikkörbe für Förderbänder zu unbekannten Gottheiten und weiteren Boten in die Hand geben? Bis der ganze Inhalt zerschlagen und ausgelaufen ist? Sind so empfindliche Schalen, gefüllt schwimmend weich, soll man das schlürfen oder das Harte suchen; und auch das vielen noch zu weich und schal. Paar Bunte davon für die Dekoration und zum Spielen, sonst ein Ei wie's andere. Aber womöglich wollten die ja auch gar nicht goutieren und prickeln reizvoll. Sondern wie dieser Götterbote ihnen andichtete, trugen sie in sich ganz andere Bewandtnis, wandten sich zu. Wir wenden uns von Brutsüchten ab und weniger einsamen Bratrösten zu, wollen Gäste der Gesellschaft des rauschend berauschendsten Gottes sein, für den es überall, im Olymp und in der Plutokratie nur Festtagsnächte gibt.
Persephone, ohne jedes Paket, so leer entleert, geht mit. Mal was anderes, was Neues, neue Leute, vielleicht neue

Götter, ich will mich unterhalten und unterhalten werden, endlich geh ich mal allein, ohne Begleitung, feste auf Feste, Leute der Leute, alles bis nichts. Keine Paarpolonaise, kein Ringelreihen; Tanz der Tempelsäulendächer, Tanz der Sternstraßenkreisel, Tanz der dickdünnstarken Spinner, Tanz der armreichbraven Schweine, Tanz der Muskeln, Tanz der Herzen, Tanz der Bäuche und der Beine. Tanz unter der Haut. In den Ohren klirrendes Krass. Augenflimmern. Halte mich fest im Zucken des Tanzes. Lehne mich an das Fließende, Feuchte, Feurige in meiner Kehle. Dann unterscheide ich das Gleiten der Nymphen, das Schubsen der Bacchantinnen, das Anecken aufschwemmender Satyrn um mich. P. winkt den Nymphen zu, trinkt mit den Bacchantinnen, schwatzt mit den Satyrn. Soll ja wohl eine lustige Gesellschaft sein. Eigentlich anstrengend. Ich müßte mal allein oder nur zu zweit oder bei einem Mittelpunkt sein. Tanzen aber alle jeder allein für große Gesellschaft. Drängt P. sich durch das Gedränge und findet etwas, das ist größer, da ist Abstand, scheint sowas wie ein Mittelpunkt; ein großer Tänzer mit sich allein, Trinker, von dem Musik ausgeht, ein schöner Tänzer, siegend Trinkender, mit wilder Musik. Persephone bemerkt, daß Dionysos ziemlich still tanzt und trinkt in seinen Bewegungen, Worten, Augen. Die laute Musik muß er in sich verborgen haben, da muß eine Wildnis in ihm zuinnerst sein, die nicht in seiner Erscheinung ausbricht, aber in der Musik aus ihm wildert und den Raum, alle Tanzenden erzittern läßt. Dionysos trinkt am meisten, forderndsten. Was fordert er. Von wem. Auf diesem Fest scheint er es von uns allen zu fordern: daß wir trinken sollen. Persephone beginnt, mit dem Fließendfeurigen durch die Kehle seine Wildnis in sich zu spüren. Andere wohl auch, einige lallen schon, manche taumeln, das kann ja hier absurd werden, wenn ich mich an diesen

schluckenden Schlucken festhalte, rede ich Bahnhof und kippe aus dem Eimer. Bin ich ein Eimer, daß ich soviel in mich hineinkippe, dann muß man ihn auskippen, man füllt einen Eimer, um irgendwas damit anzufangen, Eimer sind dazu da, um gefüllt zu werden, volle Eimer sind schön, dann ist der Eimer gerade richtig, ich bin ein Eimer, ich rede Bahnhof. Jetzt finde ich das Fest gar nicht mehr anstrengend, es geht mir gut, Dionysos soll leben. Ich will zu Dionysos.
Aber Dionysos ist weg. Hat gelallt Musik, hat getanzt in sich hinein, hat Musik in sich hinein aus sich heraus getrunken, ist in die Wildnis gegangen, seine Wildnis. Trauer um Dionysos. Alle von Dionysos Berauschten trauern um Dionysos. Ist er auf einem anderen, noch größeren Fest, bei anderen Göttern, etwa bei Hades? Für uns ist Dionysos verloren. Wir werden feiern mit den Bacchanten, den Satyrn, den Nymphen. Nie mehr mit Dionysos.

Persephone sieht in sich noch den Glanz dieses festlichen Gottes. Für alle mit dem gewissen Abstand um sich. Der dann Abschied nahm und nur seine kleinen Trinkundtanzgenossen bei den Festen ließ. Aber einer davon ist ihr einige Male im Rausch der wilden Musik aufgefallen: Der pfiff einen beinah weichen, jedoch frechen Ton. Das war so seltsam, daß er auffiel. Muß ein Wilder und ein Einzelgänger sein, muß ein Traumtänzer sein, ein raubeiniger, sanft musikalischer. Da muß mir Pan begegnet sein, als der Fremde in Gesellschaft.

12. Kapitel

Rätseln mit Hekate über Vergangenes. – Pans Wege im Vergangenen

I

Sitzt P. im Schlosse des Faunus in der Landschaft Pans und hat Erinnerungen satt; fließende Filme, die nichts als betrunken machen im Kopf. Warum immer die vernebelnden Bildfolgen und nicht mal ein Happening. Sucht eigentlich Pan, will noch einmal Pan treffen, vielleicht dichter, an ihn rankommen, Worte, Blicke nicht nur im Vorbeigehen wechseln, ihn gegenüber haben. Soll sie ihn rufen, ihm Nachricht geben? Hatten sie sich nicht bereits in Zeichen verständigt? "Der Sound deines Pfeifens erklärt mir die Welt." – "Du verstehst meinen Ton. Du bist selber ein Film aus seltsamen Bildern." Scheint Pan aber seit langem in der Ferne und meldet sich nicht. Will P. in einer Schulklasse oder einem Hörsaal ihren gewohnten Platz in der Bank morgens einnehmen, fleißig schon ihre Hefte und Bücher aus der Tasche holen, aber da sitzt ein anderes Mädchen. Was soll man machen? Räumen, Tische, Stühle rücken, neue Sitzordnung einrichten, daß zwei in der Bank am gleichen Tisch sitzen können. Schwätzen gleich, P. liebt Zeitvertreib, was zusammen besorgen, was veralbern, ganze Klasse trödelt so den Vormittag; die Neue, die Unbekannte, die gleich fremden Platz einnahm, hat den Unterricht gesprengt, kam gar nicht erst ein Lehrer. Nun werden sie in der Stadt was anstellen, Besuche machen, Blödsinn. Gammelt sich gut mit der. Darauf Bock haben, findet P. Und das Happening? Ja, Pan soll hier sein, uns was blasen, uns erschrecken – so verdöst machst du mir nicht Angst. Der kommt nicht die Spur. Aber die Unbekannte sagt zu P.: "Nenn mich H., ich dich P., ich

weiß längst, du bist eigentlich Persephone – wer bin ich?"
P. überlegt: "Du warst die Neue, durch die die Klasse, ich in der Klasse anders wurden. Ich kann mir denken, du kamst von ganz woanders, und du machtest alles anders. Auf deinen richtigen Namen komme ich nicht gleich."
"Der gerade Weg ist auch langweilig immer ein Weg geradeaus. Zwei Wege, die sich treffen, kreuzen, schneiden sich, kommen sich in die Quere; wer auf solch eine Kreuzung trifft, muß sich in die eine oder andere Richtung entscheiden. Aber der dritte Weg rettet dich daraus, wähle den dritten Weg, er ist nicht halbe Sache von einem der beiden anderen, sondern etwas Neues, wozu aber auch der erste und der zweite gehören; also nimm drei Wege, die miteinander zu tun haben." So begann H.
"Du sprichst in Rätseln", wunderte sich P., "aber erstaunlicherweise kann ich dir folgen."
"Die Frauen folgen mir gern. Ich helfe den Frauen. Frauen haben mich immer gesucht und verehrt und mir ihre Fragen und Wünsche der Verzweiflung gesagt, auch deine Mutter Demeter."
Persephone stutzte. "Hat Demeter dich gefragt, wo ich geblieben bin?" "Ja, P. Ich bin Hekate. Ich habe deiner Mutter gesagt, daß Pluto dich in die Unterwelt entführt hat. Sie rannte zu Zeus, deinem Vater. Der entschied endlich, im Frühling würdest du aus deinem verwunschenen Untergrund heraufkommen und ihr in der schönen Jahreszeit unter der Sonne nahe sein. Manchmal gelang dir das auch. Aber weißt du, du bist auch recht gern in deinem Untergrund, deiner Schattenwelt – übrigens ich manchmal ebenfalls, denn ich bin eine unterirdische Göttin eigentlich. Ich verstehe mich auf Wurzeln und Säfte ganz von unten und kann damit heilen. Aber du hast in der Plutokratie die Kunst zu deinem Frühling und sommerlichen Gartenfest gemacht bei den Göttern des Geldes.

Da hat Demeter vor Gram ins Gras gebissen, weil du nicht mehr mit ihr leben, gar nicht leben wolltest."
"Ach, Hekate, wie sollte ich anders leben können! Allein mit Demeter und den Nymphen, das genügte mir nicht für den Kopf. Ich brauche, daß mir vieles durch den Kopf geht, mich unter den Haarwurzeln in der Unterwelt des Kopfes berührt, Kunst, sehr konkret. Dann gerate ich in einen Zwischenraum. Männer habe ich dort getroffen. Der Mann berührt mich wie Kunst. Teilweise. Der erste Teil, der zweite Teil, teilweise brachten sie's zum dritten Teil. Sogar Pluto hatte ahnungsweise was vom dritten Weg ..."
Persephone seufzte.
Hekate blickte ruhig, überlegen und scheinbar fragend. "Immer wieder Pluto der Erste. Du suchst doch längst Pan. Und du willst einen Mann auch nicht teilweise, nur im Untergrund der Haarwurzeln. Wenn, dann doch ganz und gar samt Innereien."
"Du etwa nicht?" entgegnete P.
"Nein. Hekate braucht das nicht. Hekate ist FrauMannKindZauberei. Die Männer erwarten nichts von mir und verehren mich nicht. Für sie bin ich keine Göttin, keine göttliche Frau, nur ein orientalisches Zauberweib aus dem dunklen Kleinasien, das niemals den hohen Olymp sehen wird. Abgeschobene Titanentochter. Die Kinder von Kronos mochten ihre Titanensippschaft nicht und schmissen sie in den Tartaros oder jagten sie östlich kreuz und quer. Dein Vater Zeus, ja der war der aufrechtest Richtende dabei. Er entthronte seinen Vater Kronos und machte sich selber zum Obergott. Aus einer feinen Familie sind wir da."
"Und meine Mutter Demeter?" fragte Persephone.
"Deine Mutter ist sehr alt geworden. Immer Mutter, Göttin, Herrscherin. Schon als Gaia, die Erde, war sie die Erste; Frau von Uranos, dem obersten Himmel, und die Mut-

ter, die erste Mutter, nämlich die des Kronos, mit dem die Zeit, die Zeitrechnung begann. Aber als Gaia war sie bereits Tochter, nicht von Vater und Mutter, sondern von etwas Seltsamem, Ungefugem, daß auch wir und alle Menschen in der Plutokratie heute noch unerträglich finden, aber es selber jeder grauenhaft in uns tragen – Tochter des Chaos war sie. Das Chaos des Anfangs wird in jedem Lebewesen und jedem kleinen Teil der Welt auf immer bleiben, und daher sind auch die Götter, sowohl die Herrschergötter wie die Familien der Genossen Götter nur in der Zeit, solange sie ihre Form gegen das Chaos behalten. Sie werden unsterblich genannt aus Verehrung, weil man sie bewundert und liebt und für sich selber braucht. Aber mit der Zeit werden auch sie alt, oder ein anderer Gott stürzt sie. Demeter, Gaia, die Erde – du selber hast ihnen den Tod gebracht, weil du sie mehr in der Kunst als persönlich mochtest."

"Nicht Demeter, nicht die Erde wollte ich treffen", entgegnete P. "Nur was sie daraus konstruiert haben in der Plutokratie: den Globus, das Künstliche, wie sie ihre Seelen vermarkten oder den Rest verschlossen im Gefrierfach aufheben."

"Du lebst selber nicht", widersprach Hekate. "Durch die Kunst kannst du es nicht für andere, höchstens für Kenner. "Die Menschen, um zu leben, brauchen dich nicht, und die Götter machen sich was aus ihren eigenen Standbildern, ihren Weihreliefs."

"Die eleusischen Mysterien auf meinen Raub von der göttlichen Erde Demeters wurden gelebt und genossen von den Menschen. Die Götter waren dabei. Ich war dabei. Rauschmittel aus Getreide tranken sie beim Feiern. Sie wurden ekstatisch durch die Kunst des Feierns. Sie lebten Kunst. Können es heute noch."

Nun hatten sie wohl Streit. Die Hekate erschien P. doch

etwas dumpf und fatalistisch. So wollte sie sich selber nicht ansehen.

II

"In den Rauschorgien der eleusischen Mysterien war ich das Mädchen, Kore, die Jungfrau", begann P. ein andermal zu H. "Ich will es wieder werden."
Hekate blickte unterirdisch irdisch sehr gefaßt und sagte scharf: "Dás ist nicht mein Problem. Das mußt du selber wissen."
"Aber du hast das doch auch geschafft", beharrte P.
"Mir war das immer gleichgültig. Mich haben Männer nie interessiert." Dann fuhr Hekate fort: "Du hast die Wege in die Landschaft Pans genommen, um Pan zu suchen. Du wartest nach deinen flüchtigen Begegnungen und Empfindungen aus der Vergangenheit, mit denen du ihn eingebildet hast, auf seine Wiederkehr. Also dir liegt doch wohl sehr viel, das Ganze, an Pan?"
"Das ist nur mein Problem", brach P. das ab. "Erzähl du mir lieber, was du von Pan weißt. Du kennst dich doch so genau aus mit dem Vergangenen. Sprach Pan immer nur in Winken und Bockslachen und erschreckenden Ausbrüchen? Ich weiß, er spielt die Flöte, und er weidet auch ganze Herden. Ich kenne ihn manchmal gesellig und gutmütig. Aber an sich doch ist er mir als der sehr Fremde, sehr Andersartige aufgefallen."
Hekate sagte spöttisch: "Eigentlich willst du ja erfahren, ob er glücklich ist."
P. zeigte sich nicht gereizt und entschied: "Ich will wissen, ob er mit sich im reinen ist. Wie war es mit seiner Vergangenheit als Gott Pan? Hat er was angestellt? Er erscheint mir merkwürdig, wenn er tobt und so ganz verworren ist."

"Dafür muß er ja nun nicht unbedingt früher was angestellt haben", widersprach Hekate. "Er war wohl immer so, von kleinauf kenne ich ihn so, mal so, mal so. Allerdings hat er mal was angestellt. Dafür wurde er dann auch noch gefeiert und verehrt. Es mag sein, daß er damit nicht ins reine kam. Daß er da einen Knacks weghat."
Hekate erzählte nun des längeren, lang und breit und quer über kreuz, schickte Persephone beim Zuhören auf den dritten Weg. Zuvor jedoch holte Hekate ein kleines braunes Fläschchen mit einer sehr hochprozentig konzentrierten Flüssigkeit aus ihrer Tasche, das auch Hausfrauen im Reformhaus für innere und äußere Anwendung gern mitnehmen, und goß daraus in zwei Schnapsgläschen jeweils ein Portiönchen heller Tropfen, dann schüttete sie etwas heißen schwarzen Tee dazu. "So, nun wirst du alles vor dir sehen." Dann begann sie: "Pan kam in einer Grotte des bergigen Arkadien ziemlich behaart, mit Bocksfüßen und angedeuteten Bockshörnern zur Welt. So war noch nie ein Gott oder ein Mensch geboren, aber ein Tier war er nicht. Das sah seine Mutter, die Nymphe Dryope zwar gleich; trotzdem war sie sehr erschrocken und rief nach Hermes, dem göttlichen Vater, der auch erschien. Er war guter Laune, fand das Kind witzig, zeigte es gleich rum bei seinen olympischen Genossen, und das war Pans erstes Happening, als Komiker mit Mordsbeifall. Vater Hermes wollte aber keinesfalls Erzieher spielen, und die Nymphenmutter fand ihr Kind zu garstig anzuschauen, anzufassen, sie mochte es nicht behalten. Da versteckte sie es in einem Ziegenstall; die Ziegen nahmen es an, tränkten es, der Bauer kümmerte und bekümmerte sich nicht: Hatte er da ein besonderes Zicklein. Das Kind lernte laufen, lief mit der Herde und dem Hirten auf die Weide, lernte dann dem Hirten nach, was der trieb, und trieb bald die Herde selber, entdeckte die Nymphen, trieb es

mit Nymphen, zog durch das Bergland, mit oder ohne Herde, zog von einer Nymphe zur anderen, worüber die Nymphen sich untereinander nicht stritten, hatte da immer sein großes stehendes Ding, das konnte stehen allein, brauchte nicht unbedingt Nymphen, brachte ihn aber auf eine Idee..."
"Die Flöte", sah Persephone vor sich.
"Er schnitt sich ein Rohr mit Öffnungen und begann Flöte zu blasen, das war nun auch so ein Ding, es trieb ihn dazu, und er trieb es damit, das war so ein Drang und drang den Nymphen und den kleinen Göttern, die sich in Arkadien rumtrieben, und auch den Bauern und Hirten süß in die Ohren, daß sie alle das Volk der Arkadier, ob hoch oder niedrig, größer oder kleiner nach Alter oder Reichtum, zusammen gesellig wurden unter der göttlichen Flöte des Pan. Sie lebten glücklich mit Lachen und mit Weinen; sie weinten manchmal vor Lachen, wenn das Lachen zu stark wurde. Sie weinten auch vor Schreck. Denn das Plötzliche von Pans Auftreten fuhr ihnen in die Glieder und ließ sie zusammenfahren und zittern. Wurden aber rasch ganz ruhig. Denn Pan sprach kaum. Er stand dann schweigend da, mit seinem seltsamen Ding unten und seinem seltsamen Ding oben, Fell, bißchen Haut, große Ohren wie Hörner. Lauschend. Schweigend. Den Erschrockenen, die einen Ruck verspürt hatten, kam bei Pans schweigendem Lauschen ein Fell von Ruhe, hüllte sie ein, füllte sie aus. Das gefiel ihnen. Sie wurden selber ihm ähnlich, und so gefielen sie sich. Sie konnte sehr ruhig, jeder allein leben. Keiner brauchte keinen für irgendetwas. Niemand wollte über jemand anders für irgendetwas verfügen. Die Frauen unter den Göttinnen oder Menschen hatten einen Mann oder hatten keinen Mann, wie es sich ergab, und verstanden sich mit den Nymphen, die viele Männer hatten, aber sie nicht behalten wollten, und außer einem kleinen plötz-

lichen Zank, ohne den die Ruhe langweilig würde, lebten alle glücklich und friedlich zusammen, brauchten nichts anderes, als sie hatten. Feierten lebhaft und gesellig, arbeiteten jeder allein für sich selber. Das war Pans Arkadien..."

"Ist es nicht mehr so?" fragte P. ängstlich, als Hekate schwieg.

"Es ist nicht mehr so", sagte Hekate. "Es wird nie mehr so sein. Sei aber skeptisch, laß dir nichts vormachen, vielleicht war es niemals so. Ich habe womöglich dabei an meine eigene Jugend gedacht, wie sie mir inzwischen vorkommt. Auch in Kleinasien gibt es gebirgiges Weideland wie in Arkadien; mit einfachen Leuten unter Menschen und Göttern. Dort hatte ich die besten Zeiten, es war meine Heimat. Meist den Persern gehörig. In der Hand der Perser, wie es heißt. Gewiß, von den großen Städten her, von Fürstenhöfen, wollten die Perser Land in Besitz nehmen und herrschen. Wie die Athener in Attika auch. Auf dem Land dagegen... Die persischen Hirten und Handwerker legten Hand an, wo sie nun grad waren. Im Land in der Hand ihrer Herrscher. Wo sie handwerklich Hand anlegten, gab es keinen Kampf zwischen früher Einheimischen und den Neuen untereinander im Kleinen. Sie lebten friedlich zusammen und etwa so, wie ich es dir vom alten Arkadien erzählt habe. So war es wohl. Schönes Land friedlicher Anarchie hier und dort auf dem Land. Das war Arkadien, war mein persisches Kleinasien. Aber die Fürsten und führenden Stadtherren dachten an Eroberung. Denen saß Pluto mit seinem Reichtum im Hirn und Mars mit dem Rumoren seiner Schlachten in den Gliedern; nicht Pan mit weicher Flöte und tiefem Bockston. Sie führten immer wieder Kriege gegeneinander und oft die Griechen gegen die Perser, die Perser gegen die Griechen, ich mag es gar nicht erzählen..."

"Und ich mag es nicht hören", warf P. ein.

"Jedenfalls", fuhr Hekate fort, "Pan des dritten Weges war viel unterwegs, er erschien auf tausend Wegen, urplötzlich konnte er auftauchen. Am liebsten wanderte, schlenderte, schlummerte er. In seinem Arkadien, wo er alles liebte, neckte, erschreckte, wieder friedlich zur Ruhe brachte. Aber er federte und jagte auch nach Attika, nur mal so auf einen Sprung hier und dort. Da meinte er wohl immer, aus heiterem Himmel aufzutauchen, und was es nun für ein Donnerwetter gäbe! Ja, da tauchte er plötzlich auf vor Marathon, wo die Perser mal wieder schwer bewaffnet heranzogen und die Griechen sie ziemlich furchtsam in ihren Stellungen erwarteten, ob sie diesmal aufs neue siegen würden, oder ob etwa die Perser zu stark geworden seien und das ganze Attika erobern könnten – wenn sie diese Schlacht gewönnen... Pan, ahnungslos, aber aus Bock, sprang plötzlich brüllend vor den Truppen der Perser hin und her, brachte sie auf einen Schlag aus dem Anlauf. So ein Urvieh von einem meckernden Bocksgott, der sich mit Tempo vor ihnen trampelnd aufbaute und ihnen was blies, das jagte ihnen solch panischen Schrecken ein, daß alle Truppen durcheinander kamen, die Anführer der Heere, die Köpfe der Obersten der riesigen Armee in Panik gerieten. Sie verloren einiges an Reittieren, Waffen, Gerät, konnten das alles und sich selber kaum wieder sammeln, ritten und marschierten genervt weiter, ohne Bock mehr auf die große Schlacht. Die verloren sie gleich darauf auf nimmerwieder, die meisten verloren nun leibhaftig den Kopf, es war eine ganz gemeine Niederlage für die Perser. Die Griechen jubelten. Marathon war ihr entscheidender Sieg; und sie erzählten sich, Pan habe ihnen geholfen, ihnen zuliebe als Kind eines griechischen Gottes habe er auf dem Wege die Perser erschreckt, darum seien die so daneben gewesen und leicht

zu besiegen, nun hätten sie auf immer Ruhe vor den Persern. Da machten sie den Pan Arkadiens zum Gott in Attika und stifteten ihm Weihreliefs, verehrten ihn."
Persephone sah vor sich hin, was Pan dazu wohl für ein Gesicht haben mochte. Hekate schwieg nun. P. sah Pan erzürnt und traurig vor sich. Gereizt. Gegen Kult sind Götter machtlos. Traurig, daß es dahin kommen mußte. Nicht mehr selbstverständlich Pan als Pan mit allen wie alle bei den Arkadiern, etwas belächelt von den sich höher und klüger einschätzenden übrigen Griechen. Nun Kult in Athen. Hab ich denn das geahnt, daß die orientalischen Perser von den europäischen Griechen als Feinde angesehen werden und daß die Perser Europa vom Osten her, das gebildete Attika wirklich erobern wollten? Habe ich sie etwa absichtlich erschreckt, weil ich auch Grieche bin? Weiß ich das? Sie haben mir sogar angehängt, ich hätte den Athenern unter der Bedingung geholfen, den Kult bei ihnen zu kriegen!! ... Muß Pan ins Grübeln gekommen sein, muß Pan schwermütig geworden sein, begann schwer zu saufen, rastet aus, tobt los, sackt erschöpft zusammen, weint. Ist Pan nicht mehr der Alte. Dem Wechsel von Radau und Rast locker kamen. Manchmal gelingt's noch. Oft zerreißt es ihn. Haben die Fürsten der Menschen mit Pluto und Mars im Bunde Pan was verdorben. Ach Pan, nun bist du wohl auch auf dem Globus seitdem. Arkadien ist vergangen. Trauere ich um dich, daß du Arkadien für dich verloren hast wie ich mein Land bei Demeter durch den Raub. Konnten wir beide nichts dafür. Zeus würde mich wieder zu Moira schicken, es auf die abschieben. Typisch Mann!, denn allzu respektvoll dachte P. nicht von ihrem Vater Zeus, schon wenn er seinen eigenen Vater Kronos entthront und verstümmelt hatte nach Hekates Erzählung. Aber Moira? Die sorgte höchstens dafür, daß Bruder und Sohn von Zeus, sehr treffend bei den Römern

benannt und erkannt als Pluto und Mars, immer obenauf sind. Uns, lieber heiteren, friedlichen, mit uns selber zufriedenen und nichts brauchenden Göttinnen und Göttern ramponieren sie das Ich mit ihren permanenten neuen Spitzen; vor allem Pan und mir, Persephone."
"Mich brauchst du ja wohl auch nicht mehr", murmelte Hekate, die P.'s Gedanken gelesen hatte.
"Du hast es mir erklärt, ich danke dir", sagte Persephone. "Ich bin jetzt traurig von Geschichte, die immer war. Komm, laß uns noch von deinen Tropfen mit Tee oder Wasser trinken, es ist ein besonderer Schnaps."
"Gut, aber dann gehen wir essen", bestimmte Hekate. "Wir sind zwar nicht im Lande aber in der Landschaft Pans. Da wird gut gegessen und getrunken."

13. Kapitel

Irrwind – Gestikulationen vage

I

Stand die Luft still und schweigend. Stand. Entsteht doch auf einmal mächtiger Sturmwind, peitscht das Hängende der Weidenzweige durcheinander, liegt wie eine Sturmwolke schwer auf dem Flattrigen; warm scheint der Himmel, trifft der Wind aber kühl die Glieder von erstaunten Körpern, die eilen ins Haus, in ihre Kammern, wo der Wind durch den Abzug hereinirrt und pfeift in alten Eulenlöchern des Daches, heult in den Kammern jaulend; irrt der Wind in allen Rissen, Steckdosen, Schubfächern, abgelegten Taschen. Fegt der Wind durch Treppenhäuser, die sich übereinander schachteln in schrägen Hohltürmen; wehen Wände schräg zu Dächern steigend mit Treppenhausblickwinkeln in hohle Tetraeder auf vertikale Fensterluken, die kippen ins Schräge. Peitscht der Wind die Weidenzweige in die gekippten Fenster, saugt sich schräg das Treppenhaus durch die Eulenlöcher. Die Treppen werden mit dem Wind verfliegen, die Weiden hängen, die Luft steht still; warm. Läuft P. aus der kalten Kammer in die warme stehende Luft, läuft nichts außer P., läuft durch stehende gelbe Felder in eine Wolke aus Geziefer. Die Luft ist leer und ruhig, aber winzige schwarze Punktfliegen filzen auf die Haut, auf die Kleidung; bloß nicht auf die Haut, bloß nicht in die Augen; die Brillengläser schwarz verfilzt mit Pünktchen von Gewitterfliegen. Entsteht gar kein Gewitter. Sagen Sie mir: Wie wird das Wetter? Können Sie mir bitte sagen, wo die Mühle ist? Man bleibt stehen. Man lehnt sich zurück, hält den Kopf schräg, öffnet den Mund. Nun holen die Arme aus; beide. Von hinten her in einer offenen Rundung seitwärts, mit dem anderen Arm auch andeutungsweise vorwärts. Dazu aus dem Mund Wolkensignale: erst da, dann seitlich, dann weiter, wiederum anderslang. Wer am Zeigen ist, gerät in einen Zeigerausch, scheint schon selber auf dem Weg, sieht es vor sich, hat am Ziel alles erreicht. P. beschließt, nicht mehr nach Wegen zu fragen, sondern dahin zu gelangen, wohin der genommene Weg sie führt. Das Wetter kommt von allein. Die Mühle ist entweder eine halbe Stunde entfernt – kommt drauf an, hatte es geheißen. Da meinte man wohl Stundenkilometer. Oder die Mühle ist anderthalb Stunden entfernt. Wenn es um Füße geht. Rechnet man den Rückweg dazu, ist mir das zu weit. Soll die Mühle bleiben, wo sie ist. Hab ich je in meinem Leben nach Wegen zu Mühlen gefragt? Ich bin doch nicht Müllerin. Und für Ausflugslokale lauf ich nicht. Ich laufe, um zu laufen. Gibt zwischendurch jemand ungefragt Auskunft, weil die Rede ist von Fahrzeiten an Ziele für Termine; geraten alle Termine durcheinander, denn Fahrzeiten von einer Haltestelle sind nicht einunddasselbe, kann die eine Linie so, die andere so fahren, kennt man seine Linie, aber nicht Fahrzeiten, muß man für seinen Termin die Fahrzeit mit der möglichen Linie ausfindig machen. Sind Programme solange windige Treppenhäuser, bis man seine Linie hat; dann ist das Programm leicht zu datieren in klarer Richtung. Anders, wenn Türen dazwischen sind, vor allem wenn durchsichtig aus Glas. Sieht man dadurch schon vorher den Weg vor sich. Nun kommt die Tür. Drückt man, geht sie nicht auf. Zieht man an der anderen Seite, geht sie auch nicht auf. Scheint verschlossen, soll man wohl anderen Ausweg nehmen. Wenn man nun aber noch einmal zieht, wo man vorher gedrückt hat, oder drückt, wo man vorher gezogen hat, könnte es sein, daß der eine oder andere Flügel dieser Bewegung nachkommt, während der zweite Flügel feststehen mag. Flügeltüren aus

Glas, hinter dem man den Weg vor sich sieht, haben auch nur ihre eigene Richtung im Dreh, entweder nach innen, oder nach außen, sind noch lange keine Tür für rein und raus.

II

Pan taucht nicht auf, ist nicht im Lande. Ist ihm wohl seine Landschaft nicht die richtige zuzeiten. Wühlt P. sich durch Zeitungen, Zeitliches, um das Land zu suchen, wo Pan auftreten mag. Tritt ein Gerücht aus der Zeitung, da gingen im Lande östlich die Wege nicht mehr gradaus, sondern kreuz und quer und öfter mal massig bergab; warteten, steil bergauf zu gehen. Hätten schon viel zu oft dritte Wege predigen gehört – ein Weg für jeden, meinen Weg, oder kein Weg! Wird P. stutzig. Wege lassen, weglassen, wegen des Standbeins. Stehen nicht mehr zusammen und in Reih und Glied, steht jeder auf einem Bein, dem anderen Bein auf dem Fuß. Bei soviel Wegen mit Einweg für Einbeinige auf Füßen von anderen, könnte ein Bocksfuß Laune kriegen, da mal aufzustampfen, Laut zu geben, Ton zu blasen. Kann sein, kann auch nicht sein, kann aber doch sein, wie Persephone mal wieder ihre drei Wege übereinanderlegt, das verschachtelte Treppenhaus im Zimmer hat und durch die Glasflügel nicht die Tür aufkriegt, um die richtige Linie im Programm zu finden. Geh nicht raus dahin. Sonst steht der da, Pan.

III

In der lichten Burg von Lux tanzt Artemis, spaziert durch Baumgärten und Milchwald, reitet höchstens Dressur, läßt die Großwildjagd bleiben. Scheint der Luxus über uns beide gekommen zu sein, findet P. im Schloß in Pans Landschaft. Scheinen schlechte Zeiten nur noch in Zeitungen durch. Und das heulende Pfeifen von Jagdbombern hört man, die geben das Jagen nicht auf; ist nicht Pans Ton, ist nicht das behende Trappeln der Rösser von Artemis. Fliegen Fliegen in der Landschaft und Düsenjäger. Die Luft steht. Irrt sich der Wind.

IV

P. bekommt keine Nachrichten. Hat sie Post in den Wind versteut. Der entsteht aus dem Nichts, legt sich, hat nichts befördert. Aus diesem Ghetto dringt kein Blatt von ihr nach draußen. Oder? Steht wohl Pan auf einer Brücke im östlichen Orient und mault: "Ach sowas Liebes! Diese Wunschinsel soll meine Landschaft sein?! Hast du dich aber geirrt!" – Spuckt in den Fluß, trabt, Hände in die Taschen steckend, mit hochgezogenen Schultern weiter. Ab. Weg ist er. Hat Marathon längst beschlafen, Hermes nie gekannt und will mit Pluto und dessen Getrauter nichts zu tun haben. "Hab mal bei dir Nadeln mit Köpfen gesehen, wenn sie auf dem Fluß tanzen. Aber du hast es ja mit Rosigem, Feldblumen, Papierblümchen!" Sucht der wohl die Erinnyen, um Rache auszubrüten gegen Invasion von Plutos, Oberplutos samt deren Gefolge, und ich als Gattin dieser Gattung zog mich in heimliche Gärten und mystisch anmutende Gefilde zurück, spielte Künstlerin Persephone, weil sich doch Göttin von blühend grünenden Fruchtigkeiten stimmen ließe für tönenden Tiergott von Stärke. Meckern und blöken und stampfen mit Füßen nun viele jenseits östlich hinter der Grenzenlosigkeit von Plutos Macht. Ist Pan einer unter anderen, die über Umwege den

Weg nicht finden, sich nicht melden, nicht vorankommen, nie nach vorn sehen; nur mal kurz treten, kurztreten, nichts vor sich sehen, nichts hören lassen. Ist nun endgültig still. Pan saß dort einst als Puppe auf einer zusammengedrückten Spirale in einem engen Kasten und federte hoch blitzschnell sobald Moment der Deckel vom Kasten gehoben wurde, schnellte auf, wenn er durch Rufundpostlöcher den Strahl von der Sonne Pesephones aus ihrem grünen Land in den Nischen von Plutos Reich wahrzunehmen glaubte. Der Kasten zerbrach; Puppe konnte nun auf der Spirale hoch und ins Schräge federn, bis diese ausgeleiert war und nur noch was oben taumelt und hängt. Ist der Bocksfuß am Spiralenbein unten ins Fundament eingeklemmt, das höchstens bersten kann. Wege? Tritt auch der Wind auf der Stelle. Kann sein, P. selber ist die Windstille wie ein großer Kasten, wo man nichts von Eulenlöchern in der Decke merkt. Was ist draußen? Eingeklemmter Bocksfuß und ausgeleierte Spirale? Oder was Starkes weit weg auf tausend Wegen? Nichts Genaues weiß man nicht.

V

Liegt die Landschaft Pans abseitig abgelegen, dehnt sich weitflächig gelbfeldrig, grünwiesigblättrig, ziehen die Wege fort mit seltenen Wellen etwas steigend und sinkend, mal abbiegend, mitunter darinnen einiges Häusrige zusammengerundet, niedrig, locker mit Innenraum, ein Kirchturm, Schloßfirst darüber, ins Äußere weitläufig Häusernes rinnend; und stehen Leute rum. Stehen nicht, um zu betteln, oder weil sie auf jemanden warten. Erzählen sich was, na wer weiß, oder gucken bloß mal, fällt ihnen nicht ein, grad wohin zu preschen, stehn da, ob ihnen was einfällt. Sehen

so aus, als sei ihnen grad was eingefallen, nun muß man darüber nachdenken, da kann man nicht gleich weitergehen. Stehen still und sehen dabei sehr beschäftigt aus; vielleicht geben sie es grad jemand mit innerer Stimme, der soll mal sehen. Sind zu irgendeinem Ergebnis gelangt, allein; nun wird man weitersehen. Sieht aber nur immer das gerundet Häusrige, weitläufig Verrindende, oder das darüber mit Kreuzchen und First, die Wege ins Glatte, leicht wellige Weitflächige, hoch oben Jäger mit Flugritten gegen Gefahren, die fahren unbestimmbar in Kanälen und Presseblättern als schwarzes Ungeziefer und umwölken die Augen auf geraden Wegen durch Türen die Treppen voran und hoch immer weiter. Stehen still, Fliegen scheuchen, reden über Ungeziefer mit einander, das im Kirchturm hinauf und lausig über die Kopfhaut krabbelt.
Steht das Schloß von Faunus an den Rand geronnen vom Häusrigen und gehen Behauste gucken und reingucken, umgucken im Schloß, ob hier Läuse oder Geister oder was sonst für Getier; denn sie haben sich das als Zirkus angeschafft und wollen unterhalten sein, daß sie was mitnehmen können. Ducken sich die Eulen, rauscht der Bach unterirdisch, erblickt man Pfütze Kellerwasser, sprießen sauber die Margeriten. Dazu vorgetragen ein Vortrag von Vortagen und dem vorigen Tag des Zeitlichen der vergehenden Zeit. Eine Grabplatte im Parterre hört zu und ist Zeuge. Unterhaltsames über Unsichtbares bietet dem Publikum einige Unterhaltung, die den Unterhalt wert ist. Sie brauchten nicht drei Wege zu suchen, schräge Treppenverschachtelungen blieben erspart, kamen rein und raus durch die Tür. Später bleiben sie im Lockeren von gerundet Häusrigem, weitläufig verstreut im Weitflächigen von Gelbendem, Grünendem, wo sie darüber den Kreuzturm und den alten First vom Fürsten schon immer gesehen haben, mit Verwunderung stehen. Wo waren die Tie-

re, was treiben sie, da soll ein Bach gewesen sein, warum eine Grabplatte. Seltsamer Zirkus... Wenn es schon keine Vorführung war, hätte man doch eine Probe sehen können! Das war der Einfall beim Stehenbleiben; nun kann man weitergehen.

Merkwürdiges Gelichter in der Landschaft des Pan, findet P. Waren wohl nach was schnappende Schnepfen und wieselnde Wiesel, hungrige Mäuse, Elstern, wenn sie nach Eiern in fremden Nestern gucken, oder Hühner, die das letzte Korn nicht liegen lassen, am Ende wollige Schaft mit Bedenken gegen Schur. Alles in der Landschaft zu Hause. Pan unbeachtet im Zwischenraum. Den hütet P. Persephone merkt ihn, wenn sie ihn in seiner Landschaft vermutet, auch wenn der aus Bock nichts damit zu tun haben scheint.

VI

Rumort und schottert und bohrt von nebenan. Vom unsichtbaren Haus gegenüber. Vielleicht baut sich da ein Dach, rumorend und schotternd und bohrend. Bemerkbar ist Krach. Soll wohl mal ein Dach stehen ruhig über Häusrigem gegenüber. Will P. nach drüben faxen, sie zöge gleich mit Einladung rüber, nach Dächern sehen, vom Rumor habe sie gehört, werde wohl gebaut da.
Funkstille. – "Kommunikationsfehler".
Die bauen vielleicht gar nicht. Krachmacher. Dann halten Schnauze und geben nicht Laut.
Oder wir hier drücken immer den falschen Knopf.
Kann auch sein, steht Pan, verborgen in seiner Landschaft, auf Irrwegen im Wege und gestikuliert Hinweise von Zusammenhängen ins Vage.
Aber auf dem Thron sitzt Moira und grinst sich eins.

14. Kapitel

Bezauberndes Verzaubertes – Überlistendes

I

In der Sommerruhe der Landschaft klang die Flöte des Pan nur für Persephone, und sie hörte daraus, er empfinde beim Wandern durch ihre Bilder etwas eigenartig Elegisches, das gleichzeitig traumatisch genau sei, auch etwas weich Fließendes über einer verwirrenden Unruhe. – "Weil ich unruhig bin von der Welt", kam es von P., "und ich weiß, es ist auch deine Unruhe, dies ist unsere Ähnlichkeit, wir sind uns darin verwandt. Darum mag ich deinen weichen tiefen Kehlton der Vogelflöte, denn ich höre in ihm im Untergrund das Toben der Welt und Bockswut darauf; aber auch ein Lachen darüber und irgendeine Lust. Laß dir nur niemals die Flöte rauben. Und leg sie nicht beiseite. Wie ich lieber in deiner Landschaft dich male, als rumzurattern in dem gräßlichen Gerümpel dieser getretenen, schwierig Tritt fassenden östlichen Region, wo du dich vielleicht grad übellaunig versteckst und bockst. Wenn ich nicht den Ton deiner alten eigensten Flöte auch hier hören würde. Das eigene Land Pans, Arkadien, ist lange dahin, wie Hekate erzählt hat. Eine Landschaft für dich findet sich immer und überall. Wenn sie einsam erscheint, ruhig und möglichst verträglich. Rück etwas ab von dieser über jene dort östlich hereingebrochenen Plutokratie, laß dich nicht verschlingen. Nur so bleibt dir die Musik. Und nimm sie auch, wie meine Bilder, etwas heiter."

Aber da ist die Flöte verstummt. Belehren lassen wollte Pan sich wohl nicht.

II

Erlebt P. fortwährend zauberhafte Episoden im Märchenfilm des Landschaftshaushalts, bei Leuten – haben die es etwa auch mit Pan, oder was für Feen und Könige spielen hier mit?
Bringt sie Pfandflaschen zum äußerlich nahezu unsichtbaren, innen riesigen Allewarenhaus zurück. Eine grüne Einwegflasche ist auch dabei; die kann sie passend in genau den Container für Grünglas vor dem Markt werfen, wo Container auf alle Sorten von Glas, Blech, Pappe warten, die genau den einen, ihrem Wert zustehenden Weg gehen werden. Dann also für Pfand bierernst in den Laden, denn sie ist aus allen Supermärkten der Metropole gewohnt, sich damit bei sämtlichen Kassiererinnen unbeliebt gemacht zu haben. Nicht nur, daß sie dort vor der Gutscheinkabine immer wie eine arme Sünderin endlos hatte warten müssen, bis mal Bedienung erschien, oder sogar durch die ganze Markthalle laufen und rufen, um eine ausfindig zu machen, oder am schlimmsten in der Kammer hinter dem Bonauswurf eine versteckte Kassiererin aufscheuchte, die sich dort grad eine heimliche Zigarette genehmigte und entsprechend empört auf die Zumutung reagierte, sie solle sich ausgerechnet in diesem Moment um leere Flaschen kümmern, nicht nur diese ständigen Warteärgernisse, überhaupt sein sauber Versammeltes anständig loszuwerden, statt es einfach in den Hausmüll zu schmeißen, wo sich dann bitteschön Asoziale die Arbeit machen dürfen, sich das Ihre rauszuangeln und versuchen, da jemals noch was für zu kriegen, sondern unangenehmer Moment vor der Zahlkasse, wo immer jemand sitzt zum Kassieren und mehrere lange Schlangen gewiß nicht bangen müssen, für sie würde es keine Kassen mehr geben; und die guckt mit Kennerblick: Aha, hat sie wieder Flaschen – Ist es eine

Junge, muß sie kichern, wenn mehr eine Ältere, kommen Blick und Ton der Endsumme scharf und strafend. P. hätte nie ein schlechtes Gewissen gekriegt, jeden Abend einiges Prozentige zu schlucken, wenn nicht die Kassiererinnen in der Supermarktmetropole so ein Wesen darum machen würden. Aber was passiert im Allewarenverwechselhaus in der verzauberten Landschaft? Eine Verkäuferin wiegt Gemüse und Obst, schreibt Preise auf Tüten, dann verstaut sie leere Flaschen aus Taschen in passende leere Körbe ohne abschätzige Rechenschaft, rechnet sauber selber im Kopf das Pfand aus, schreibt mit der Hand auf Zettel, wiegt-rechnet gleich wieder Gemüse, da paßt doch das Bier zum Kohlrabi. Aber an der Kasse geschieht ein Wunder. Die Kassiererin tippt die ganz schöne Menge Bier fürs Wochenende und Tabakvorrat und noch so allerlei Überflüssiges, da kommt was zusammen, und als sie fertig ist holt sie eine weitere Flasche Bier unter dem Ladentisch vor und sagt freundlichst, die gebe es extra.
Nun geht P. noch zum Bäcker. Entscheidet sich für ein angeschnittenes Brot, das sieht von vorne ziemlich klein aus, von der Seite jedoch, und nun zögert P.; da fragt die Verkäuferin schon, ob sie von einem ganz kleinen Ganzen daneben die Hälfte wolle. Natürlich will P. und wundert sich. Dann fragt die Verkäuferin weiter, ob sie ihr das Brot schneiden solle. Das gibt es noch? Daß in Bäckerläden sogar für die Kunden das Brot geschnitten wird? In der Metropole muß ich ja froh sein, wenn die mir ein einigermaßen Kleines ganz mitgeben, geradezu, daß die mir überhaupt noch was mitgeben, wenn ich mehr nicht will. Hier wird es ihr vorgeschnitten und verstaut in Klarsichtbeutel, was P. zu schätzen weiß, denn in einem zauberhaften Haushalt will alles appetitlich eingewickelt sein.
Ist anscheinend Pluto bei einigen Händlern hier nicht ganz bei sich, merkt man nichts von Pluto, kriegt P. was

geschenkt und wieder was, wird eingeladen zu essen und trinken, will dafür selber einladen, denn so gehört es sich, hat sie gelernt, soll aber aufs neue eingeladen werden; ich glaube, ich spinne, wo haben die hier ihre Rechenmaschinen. Kann Bilder ausstellen, soll dafür noch extra bezahlt werden, obwohl sie schon sowieso alles bezahlt kriegt. Verzauberte Gegend. Pluto auf den Hund gekommen. Wenn sie an einem abgelegenen Bauerngehöft vorbeikommt und hört von fern den Hund bellen, kriegt sie immer einen höllischen Schreck. Aber dann springt der da im Zwinger rum, tobt, ist gefangen, kann mich nicht beißen! Geht sie gerne Wege möglichst weit durchs Grüne, läßt Zwinger links liegen, geht geradeaus, vorbei an Enten, Schafen, Gänsen, Pferdekoppeln. Zwei Pferde stehen, zwei Kleinere liegen, liegende Pferde kenn ich gar nicht, Pferde stehen immer, scheinen Fohlen zu sein. Nun dürfte der Weg rundum in Rundung zurückführen. Da bockt die Landschaft. Der Weg mündet in ein Roggenfeld und seitlich an den Büschen läuft nichts. Verlangt der Weg, daß man sich auf dem Absatz umdreht und ihm genau zurückfolgt. Inzwischen sind die beiden liegenden Pferdchen aufgestanden und springen rum tatsächlich als Fohlen. Die ganze Koppel ist auf dem Rückweg voller Pferde. Sie stehen still; deuten nur einen Schritt lang an, sie könnten Anstalten machen, ganz langsam einen Rundgang zu veranstalten; bleiben wieder stehen. Dazwischen springen die Fohlen.

III

Wissen die Pferde mit der Entwicklung ihres Wachsens ins Schwerere, Stärkere, daß sie keine gelenkigen kleinen Fohlen mehr sind, und lassen die munteren Sprünge des Vergnügens. Nicht so P. Denn die Wesen auf zwei Beinen glauben, nicht zu altern und göttliche Jugend in sich zu hüten, die nach Belieben die Glieder bewegt. Feiert sie im Schlosse des Faunus mit Bacchantinnen und Satyrn bis in die Nacht, springen da die Worte und Witze und Anspielungen plusminusnull von Mund zu Mund leicht durch die Luft, weil sie aus dem Wein in den Mündern federn, gibt der Wein die elastische Matte, auf der Witz und Spott und Leichtigkeit schleudern und Salto schlagen können; darum braucht man viel davon, viele Gläser roten Wein, denn man springt ja darauf, kommt in Schwung in Gesellschaft, da werden Glieder nicht schwer, und Schwindel scheint dazuzugehören. Noch in ihrem Zimmer, allein, schwingt Persephones Körper, aber nun sind die hüpfenden Worte und Witze und Winke weg für die Balance zwischen unsicher schaukelnden Körpern, glatt ist der Boden, und da kann sich P., auf dem Absatz drehend, nicht halten, fällt rücklings hin, nein, lieber nicht, wenn schon nicht mehr mit Worten, dann muß man Sturz mit der Hand am Arm abfedern und sich auf die Hand fallen lassen, die linke, die scheint elastisch. Der Boden ist harte Realität. Krach. Schmerz. Treffer. Das Handgelenk geht zu Bruch. Hat Moira zugeschlagen und in Persephones Weinseligkeit alle gefaxten Reiseangebote ins Grenzenlose von Pans europäischem Orient überlistet. Aber Persephone kommt im nachhinein immer ganz gut mit der hinterlistigen Moira zurecht: Sowas hatte sie der ja geradezu schon selber geflüstert. – Weh tut's doch.

IV

Nächsten Morgen tröstlich gefahren, gleitet in großes Krankenhaus in der Landschaft, da sind strenge Gebräuche von Station zu Station immer eins nach dem andern.

Und dazwischen Wartelöcher in leeren Wartehallen, da kann man nur warten, daß hier jemals noch so ein weißer Halbgott oder eine weiße Schwester wieder erscheint und in die nächste Station abschiebt; denn alle Türen sind verschlossen und Eintritt verboten, die Klingel hat man gedrückt, nun geht aber nichts weiter. Doch, an der Wand in jeder Wartehalle zwischen den Stationen hängt eine Uhr und der Zeiger geht weiter. Man hält sich an dieser Uhr fest. Im übrigen wird der Kopf ebenfalls zum leeren Wartesaal. Manchmal sitzen oder liegen da noch andere, um zu warten. Wer liegt, ist ein schwerer Fall. Wartet ebenfalls, wartet im Glücksfall eventuell sogar darauf, daß es weitergeht. Da liegt ein augenscheinlich sehr schwerer Fall, wo P. lieber nicht so genau hinsieht, sieht sowieso nur merkwürdige Apparaturen über Kopf und nacktem Oberkörper dieses Schwerstfalls und will besser nicht darüber nachdenken, was das alles bedeuten mag. Die weiße Schwester, hinter einer Glasscheibe im Hintergrund vorbeigehend, anscheinend auch nicht. Nun wird diese aber von der die Liege herangeschoben habenden Transportschwester aus der vorigen Station in ihrem Schattenwandeln aufgestört, hier liege ein Schwerstfall, mit dem müsse es gleich weitergehen. "Immer eins nach dem anderen", zur Antwort, und dann wendet sich diese weiße Röntgenschwester, bevor es damit weiter in die nächste Station der Röntgenkammer geht, an die liegende nackte Masse auf der Transportbahre unter den Apparaten, ob da notierbare Antworten kommen werden hinsichtlich Name, Geburtsdatum, Kasse. Kommt auch alles pünktlich, nur ziemlich geröchelt. Geht alles weiter, wird gegangen, gefahren, geschoben, geröntgt; P. wird mit einer sehr schweren Isolierdecke auf einer Liege belegt, nun kommen drei weiße Kittel, sind aber keine Halbgötter, kommen ihr wie ganze Jungs vor beim Spritzen der örtlichen Narkose ins

Handgelenk und Zerren an ihren Fingern, um die Knochen im Arm zu regulieren, denn vor allem führen sie das seitlich gleich als kleinen Durchleuchtungsfilm vor, daß P. in sich drinnen die eigenen Knochen wackeln sehen kann; wenn sie da nicht in gute Laune wieder kommt. Sagt sie dann auch, als das erste weiße Band, weich, mit der Gipsschiene um ihren armen Arm gewickelt wird: "Ah, der Stoff ist gut!", ganz selig. Worauf der Chef, ahnungslos, wie zufrieden einem Arm plötzlich bei solch unerwartet sanfter Berührung wird, aber voll dunkler Ahnungen, was P. da meinen könne, als geübter Kriminologe in Ursachen von Unfällen sachlich fragt: "Was für ein Stoff?" P. lobt den Stoff des Gipsbandes und hat scheinbar keinen Verdacht bemerkt; immerhin sind die Drei, die wohl doch nicht gänzlich ganze Jungs sind, einigermaßen verwundert über soviel gute Laune; und als sie am Schluß den steifen Gipsarm, wo vorn eine Faust entstanden ist, hochheben soll und sie dies gern und mit Schwung des Sieges tut, kommt zwar ein Lächeln, nicht des Erkennens, obwohl erkannt, aber eher müde und abwinkend. Der Gipsarm wird ihr aufrecht vor die linke Brust heruntergedrückt. Nicht überm Kopf sowas zeigen. Muß sich sowieso der Kopf nun nach dem Schweren, was da als Arm hängt, richten. Moira meint wohl, solle Persephone in Pans Landschaft keine Hände zum Malen haben. Aber P. kontert: Wer überlistet wen!

V

Malt mit der rechten Hand die Langsamkeit der Griffe, die ein Körper für das Seine braucht. Zwei linke Hände kann jeder haben und bringt sich alles durcheinander. Eine linke und eine rechte Hand arbeiten manchmal gut zusammen, ergänzen sich. Ist ja auch so gedacht. Soll immer so bleiben. Wird aber die Zweihändigkeit für fast alle Geräte, Apparaturen, Maschinen von vornherein eingeplant und berechnet. Kann P. also nicht mehr belichten, Fotos aufnehmen, Filme drehen, entwickeln, montieren. Der Blick dafür bleibt. Das Material scheint zu bocken, da nicht mehr zehn Finger im Spiel sind für das Instrumentarium. Das ruft bei Persephone aber nur müde Verachtung für soviel matte Materie hervor, die nie aufgehen, aufstehen, sich bewegen will von allein, sondern hinterhältig auf ihren lahmen, scheinbar toten linken Arm feixt, der nun wohl auch keine Energie mehr besitzt, selber wie die Apparate steif wartet und ihre trägen Tasten und Knöpfe nicht mehr strapazieren wird. Der elektrische Strom, der sich immer am wichtigsten für P.'s Instrumente vorkam, ist beleidigt, daß er nur wegen einer ausgefallenen Hand nicht mehr zum Zuge, ins Zügige kommt, um starre Getriebe in Bewegung zu setzen. Aber er wird nicht hereingelassen und soll in den langen Leitungen warten. Dagegen betrachtet P. ihren freien rechten beweglichen Arm mit Hand, was der für sich allein kann. Der braucht nicht viel Gerät; der braucht nicht immer die Linke zum Paar; der fühlt sich wohl bei sich selbst. Fühlt sich wie der am liebsten einsam stehende Gott Pan, der mit seinen Nymphengeliebten nie Miteinander der Zweisamkeit kannte, sondern nach plötzlichem Bums mit einer von ihnen rasch wieder mit sich und dem Seinen allein dastand. Mit der Flöte als Partnerin, der Flöte als seiner rechten Hand, falls er so ganz auf sich gestellt etwas linkisch würde. Habe ich in der Landschaft Pans bei mir selber wiederum etwas mit Pan zu tun, dachte Persephone. Den alten Pan als leibhaftigen Gott von einem Mann kann es nicht mehr geben. Aber seine Winke, wenn er erscheint in der Landschaft, in anderen Leuten, manchmal, Männer,

Begebenheiten und, sieh da!, in einem selber. Wer diesen Wink von Pan verspürt, hat Pan als Gesellschaft bei sich und lebt damit, gelegentlich, aber dann stark. Als ob man auf einem Gemälde im Hintergrund seine Gestalt zu erkennen glaubt, auf die sich alle Farben und Figuriertes beziehen. Oder als läse man einen Roman, in dem Pan vorzukommen scheint. Schon glaubt man, ihn vor sich zu sehen; weg ist er.

VI

Flimmert dabei in P.'s Kopf im Hintergrund aber ein Film von einem Gespenst, das angeblich umging und dann Europa verlassen haben soll, zwischen Steinen von Sockeln und Denkmälern, wann spielt das, wer hat die gebaut oder trägt sie grad ab oder baut noch daran? Erscheint das Gespenst mal als Schrecken und mal sehr liebenswürdig; ist es etwa weiblich? Kann schon sein, und wird es von richtenden Denkern als Hexe und mal als unerreichbare Geliebte gesehen. Leider droht dann entweder der Scheiterhaufen oder die Vergewaltigung. Jedoch hat die europäische Aufklärung längst Hexen und Gespenster zum Hirngespinst von Neurotikern erklärt; die Justiz beschränkt sich seitdem auf Verfolgung von aus solchen Wahnvorstellungen resultierenden, sexuellen Delikten der Gewalt und Nötigung; jedenfalls laut Gesetzbuch. In Büchern kann viel stehen. In Büchern darf sogar von Vergewaltigung aus Liebe stehen. So widersprechen sich die Bücher. In Büchern gehen auch aufgeklärte Gespenster um. Früher oder später, oder stehen auf aus den Gräbern, das ist ja so eine Eigenart von Gespenstern. Das Gespenst hat alle Schlüssel. Wurde die manchem etwas zugeknöpft erscheinende Persephone im Laufe ihrer freundlichen Anwesenheit schon einmal von einem mehr das Analysieren als diese Göttin liebenden Kritiker befragt, ob sie etwa in einem Schlüsselroman mitspiele? – "Wieso?" fragte Persephone unterkühlt unbefangen und gewohnt, immer sorgfältig mit eigenen Schlüsseln abzuschließen. Aber das Gespenst, das ihr von allein, ohne Apparaturen zu brauchen, nur sehr weise, wie es Gespenster so an sich haben, was im Hintergrund des Hinterkopfes vorflimmert, könnte eventuell über die Schlüssel verfügen, gewissermaßen Schlüsselgewalt über Persephones Hiersein und Unwohlsein in Plutokratien im einzelnen haben. Gespenstern hat man schon immer allen möglichen Unsinn zugetraut.

VII

Da steht ein Kunstsinniger, von staatswegen für Kunst ganztags Beschäftigter entschieden vom Schreibtisch seines Amtszimmers auf, weil er sich auf den Arm genommen fühlt von derart Schlüsselgespenstern mit einem Arm, der wiederum etwas anderes darstellen soll als einen Arm, daß man sich nur noch an den Arm fassen kann, denn wo inzwischen der Kopf sitzen mag? "Das führt in die Irre, meine liebe Künstlerin! Sie können von mir aus als Persephone gehen und Ihre Werke mit P. signieren. Aber Ihre künstlerischen Interpretationen von gewissen Erscheinungen und Umständen bringen die Begriffe durcheinander. Sehen Sie, ich als Ministerialrat für Kunst und Wissenschaft kann mich bis zum Mittelalter auf Rat berufen. Dieses Gerede von Räten hat das Gespenst in die Welt gesetzt, und bei Ihnen geistert das auch rum. Dabei handelt es sich um die Verengung eines uralten ehrwürdigen Geflechts aus Beziehungen und Bezügen auf eine bestimmte konstruierte Linie – gewissermaßen einarmig. Reden wir doch mal offen: Wir vom Ministerium bezahlen Ihnen vom Geld der Steuerzahler Ihre Arbeitsferien in dieser gewiß reizvollen Landschaft. Sie dürfen dort gerne Pan suchen – einen romantischen Gedanken möchte ich das nennen, der zur Naturverbundenheit und Wiederentdeckung alter Religionen in unserer vielseitigen Postmoderne ausgezeichnet paßt. Sicherlich, auch eine Überlagerung changierender Begriffe und Symbole ist da eine gern gesehene, geistvolle Komponente. Jedoch meiden Sie das tote Gleis, das Abstellgleis, die Einbahnstraße, in der ein ganzes Jahrhundert steckengeblieben ist.“ Nun sollte P. jemand einen guten Rat geben können, was sie dem Herrn Ministerialrat am besten antwortet; entweder das Gesepenst oder Pan. Der hat von mal wieder mehr östlich einen Wink parat und erinnert an die Chamäleons, die die Farbe der Augen wechseln und in der Metropole der Plutokratie von P. fotokopierte Zeitungsartikel vom ”Kollaps der Plutokratie“ nicht der Blicke wert fanden, während doch grad derlei jeden geborenen Bocksfuß an sein altes Arkadien erinnere. – ’Okay‘, denkt P., ’das ist der Schlüssel! Alle Macht den Räten mit Schlüsseln.‘ Dann flüstert sie dem Herrn Ministerialrat bei Nacht was als Gespenst aus seinem plötzlich traumhaft kostbar leuchtenden Schreibtisch: ”Sie sind ein Meisterrat. Sie haben mit Ihrer Arbeit die moderne, weil kommende Interpretation des Geldes erkannt. Wissen Sie, das Geld als Geld an sich, das Geld der Warenproduktion für Verkauf, macht es nicht mehr lang. Einige Geister haben erkannt, die Arbeit für Geld, die Akkumulation des Geldes werden zusammenkrachen – dann kommt die geldlose Zeit, niemand wird mehr etwas für Geld, etwas auf Geld geben.“ Der Ministerialrat warf sich jetzt etwas unruhig in den Kissen herum, wie bei einem drückenden Albtraum, aus dem einer erwachen möchte. Das Gespenst P. fuhr rasch fort: ”Sie, Herr Rat, und Ihresgleichen ebnen die ersten Schritte für eine freiere Zukunft. Sie subventionieren Künstler, die kaum verkaufen, damit sie leben und malen, filmen, zeichnen, formen können, was auch alle die freut, die es nur mal ansehen, reinsehen, etwas herauslesen möchten. Nicht immer das unhaltbare Kaufen und Besitzen, sondern ein Tauschen und Nutzen von Werten und Vergnügen bei Dekkung der geringen Kosten für täglichen Bedarf. Sie sind der erste Rat, der Spekulationen von Philosophen in einem kleinen Sektor in Taten umsetzt. Alle Macht den Räten!"

Der Ministerialrat wachte ganz erfrischt und belebt auf, bedauerte, daß er die positiven Träume nie im Gedächtnis behielt, und hatte nur verworren im Kopf, daß der letzte Moment eines sich stärkend aufbauenden Traumes ihm dann eine irgendwie unangenehme Nuance beigemischt haben mochte.

Jedenfalls vermochte er an diesem Tag in seinem Amtszimmer alles sehr flott zu erledigen und hielt sich nicht auf mit Recherchen über Stipendiaten, was die wohl trieben, wozu es die trieb. Bald würde er Urlaub haben und sich in südlichen Buchten treiben lassen.

15. Kapitel

Pferde mit Innenraum, gefilmt

I

Was gehen mich ein Ratsherr und irgendwelche Räte für Beratungen an, fand P. Sollen sie doch radschlagen wie die Artisten, oder wie ein eitler Pfau, der das braucht nach seinem verzweiflungsvollen Sehnsuchtsschrei, als könnte nur dieses noch gelingen. Da gibt es andere Tiere, aus deren geschlosseneren Körpern nie Trophäen herausspreizen. Flugvögel, wenn sie weit segeln oder rasch schwirren, dann aber sich sachte in ihre Flügel einhüllen, verraten nicht das Geheimnis ihrer Federn; bleiben, auch wenn sie munter singen, bei sich und machen sich in verborgenen Nestern unerreicht. Nicht alles, was fliegen kann, verhält in sich ruhig; Wenigstes; Eulengefieder, gemalt. Zeichnet P. Karikaturen von fliegenden Insekten, wie sie bei leisester Ahnung einer Bedrohung oder aus reiner Feindseligkeit der Gier auf lebendes Fleisch stürzen und giftig zustechen. Auf Pferderücken lauern sie. Der Schweif scheucht unablässig die Fliegen, die lästig krabbeln und jucken, aber das Pferd zittert insgeheim, der schmerzende Stich einer Bremse, Hornisse könnte in seine Flanken fahren; steht scheinbar ruhig gelassen da, aber angespannt in der Stirn leise zitternd und den Schweif schlagend seitlich in ahnender Erwartung des Stiches. Bei schwüler Hitze, in den Feldern, auf der Koppel. Kommt es in eine unruhige Umgebung zwischen Menschen und Maschinen und viel Bewegung, Lärm, bewegt es auch den Kopf unruhig. Ihm ist, als steche es jetzt von allen Seiten auf seinen Kopf ein, den es abweisend hin und her wirft. Ein munteres, angeregtes, sich an Betriebigkeit beteiligendes Pferd, könnte man denken; ein sich selbst und andere unterhaltendes Pferd. P. malt einen einsamen schmalen grauen Pferdekopf mit schwarzen Scheuklappen. Ein abweisendes, die Welt verneinendes Geschöpf, wird der Betrachter vermuten. P. hat das zu sich selber suchende, bei sich bleibende Pferd gemalt, aus dem anscheinend der Augenschutz von allein herauswächst; wie den Vögeln die Flügel wachsen, damit sie fliegen können, bildet das Grau der Pferdekopffläche vor seinen Augen schwarze Flecken, damit es nun in Ruhe im Raum bleiben kann, der ist streifiggrell undurchdringlich verwoben. Aber wie mag es innen in dem Pferd aussehen, fragt P. Ein Pferdekopf wartet auch auf seinen Körper, seinen Innenraum, seine Bewegung im Außen. Muß gefilmt werden mit dem inneren Auge, denn Apparate versagen, selbst bei Zweihändigkeit, vor soviel Film, vor Traumfilm.

II

Möchte das Pferd ruhig stehen und sich sanft wiegen auf vier Beinen im Freien an der Luft auf sicherem Boden und manchmal den Kopf neigen zu den anderen Genossen auf derWiese, ihn, aus sich selber zufrieden, plötzlich nach oben werfen und laut in den Himmel schnaufen, dann wieder senken bedächtig, schließlich wiehern gemeinsam, wo jedes Pferd, wenn es wiehert, auf das gemeinsame Wiehern lauscht; mit Vorbehalt, aber geduldig. Dann sieht Persephone, wie deren Eingeweide, in sich wechselnd, arbeiten, und Stoff wird zu Stoff von selber, die Herzen schlagen gleichmäßig, das Blut kreist in Adern und Venen für schönes Leben, in der Stirn wird das Blau von oben und Gelbes seitlich zu grünem Boden und bleibt blau und gelb und grün für sich als Farbe dennoch; hinter den Augen, die alles sehen, sich keine Scheuklappen wünschen; beisammen jedes allein.

"Ah", sagt die Dame, "auf diesem ruhigen Pferd werde ich ausreiten." – "Aha", sagt der Bauer, "mit diesen beiden kräftigen Zugtieren kann ich den Heuwagen bespannen, der Motor ist ausgefallen." – "Oho", der junge Sportler, "dieser scheint schnell zu sein. Ich will Probe reiten fürs Pferderennen."
Die Pferde stehen wie erstarrt. Dann werden sie nervös. Und als die sie Beanspruchenden deshalb sofort nach Scheuklappen riefen, erkannten sie vollends, daß sie nicht eben Meistern in die Hände gefallen waren. Nun also mit Halfter und Sattel und Riemen zur Deichsel verbiestert an die Arbeit. Da glitten ihnen die Farben und Formen im Innern durcheinander, sie streckten die Köpfe vor, wollten nichts mehr sehen.
Lag nun gerade das von ihnen gewählte Pferd der Reiterin, dem Reiter, dem Kutscher im Innern zu fern, und wären sie mit einem anderen griffiger, gehöriger vorangekommen? Oder hatten sich diese Nutzer lebendiger Muskeln bei sich selber zu sehr ans Rechnen mit Pferdestärken gewöhnt? Persephone konnte reiten, Wagen lenken; Artemis noch besser und schneller. Und beide wußten dann die Korrespondenz ihrer eigenen Innenräume zu denen der Pferde, weil sie wie diese nicht fortwährend stillstehen, weiden, Eierhüten wollten, sondern sich auch geschwind in Bewegung setzen und an Ziele kommen. Pan, mit der Kraft und Einsamkeit der Rösser in seinem stehenden Glied, machte sich weiter nichts aus Pferden. Eher selber ein Ziegenbock, der die meckernden, stets unruhigen Ziegenherden weidete oder sie scheuchte. Während Pferde sanft miteinander glitten und trabten, stießen sich die Ziegen und stoben auseinander. Das hatte Pan in sich, wenn er zwischen ihnen stand. Erst alleingelassen, erfaßte ihn ganz die Ruhe, die er als Zeichen von Fruchtbarkeit in sich selbst vor sich her trug. Aber mit anderen

und in Gedanken an andere kam ihm der Ziegenbock. Stand Persephone bei den Pferden mit der Ruhe der Pferde und warf nur den Kopf herum, ritt gleichmäßig, wie sie und das Pferd es wollten. Sprang seitwärts der Bocksgott auf, meckerte, scheute das Pferd; fuhr Persephone zusammen: Doch ein Wilder, auch als Einsamer ein Schrecksgott; du magst eher ein Schrecken Arkadiens gewesen sein. Ich traue deinem nackten zur Schau getragenen Phallus nicht; er könnte dir eine merkwürdige Unruhe in die Glieder treiben, grad weil du als Pan recht gern damit für dich bleibst und nicht geliebt sein willst, nur zustechen manchmal wie ein Insekt, ein großes.

III

Geballt wogten unzählige Muskeln des kohleschwarzen Pferdekörpers im Bild als ein von innen notwendiges Spiel von schwarz in schwarz. Der Körper bewegte sich in sich selber. Nicht daß er eilte wohin. Es war auch keine Verhinderung im Raum für Richtung auf ein Ziel. Nun wußte man nicht, bewegt es sich im Stehen, oder ist es auf Reise, auch wenn kein Vorwärts zu sehen. Konnte das anschwellende sich hebende Glied den ganzen Körper in Fahrt gebracht haben, mochte aber auch wo im Innern ein Feuer stecken, das alle Muskeln, Sehnen, Fasern des Gebildes arbeiten ließ.
'Film der Seele Pans', fand P. Als hüpfender meckernder Ziegenbock ist er eine sichtbare Karikatur, nur als Urtier steinerner Ziege der archaische Gott. Ich sehe ihn gern in der schwarzen Gelassenheit von Feuer des Hengstes, der allen Zügeln der Zeiten nach Orten entglitt in einem Bild bei sich selbst.

IV

Trifft P., Innenräume mit innerem Auge filmend, auf Polizei im Schlosse des Faunus in der Landschaft Pans, weiß nur deren üblichen Argwohn; was?, wen die da suchen?, mich jedenfalls nicht, denkt P. lächelnd; jedoch gewohnter Argwohn läßt deren Polizistengründlichkeit gleich auch sie befragen hinsichtlich linkem Gipsarm: "Was haben Sie denn da? Damit können Sie doch gar nicht arbeiten?!" Mißtrauen, daß hier nicht ordnungsgemäß produziert wird, bezahlt ist bezahlt, und Filme von inneren Augen – die können wir uns selber drehen. Dürften wohl P. und einige andere in solchen inneren Polizistenfilmen sehr geschwärzt, wüst und kriminell erscheinen. Verschwindet P. in ihre Dunkelkammer des Innenraums, der nur korrespondiert mit Bildern und Chiffren weitab, von fern hereingeholt, zärtlich umfassend; konträr dem Ruckzuck der Berührungskontakte aus Parolen und Lächeln und Argwohn, oder etwa dem ausführlich aus-einandersetzen an-einander-vorbei-palavern – oh, machs kurz!
Ist ihr dann Pans schwarzer Hengstinnenraum in zerfahrenden Momenten nah, um sich selber wiederzuerkennen. Nur wenn länger, tiefer, trabender blickend und immer runder ruhiger werdend Persephones Innenraum aus sich selbst, mit Scheuklappen in sich kreisend, rückt Pans Film des Innern weit ins Ferne, rast immer trennender schwarz in Schwarzes; oder ist dort ein Antipol von Weiß, und es wird Explosion, ein Zerzacken zoffzend polpollernd, rein, reinweg rein gar nichts mehr? Filmt sich für P. das Fahren, Zerfahren von Pan als Innenraum eines schwarzen Pferdes, daß Energie zerfällt, und erblickt nicht Kern, Mitte zum Kennen, Einssein. Nur Liebende finden es, ohne zu suchen; die überfällt es. Werden Persephone und Pan nie Liebende sein.

V

Ritten die Pferde aus, ohne Reiter, ohne Zügel, werweißwohin auf Nimmerwiedersehen, ritten. Trabt, galoppiert Pferd Persephone, angesogen von unkenntlichem Lockruf vor ihr von fern; in gestrecktem Galopp steil geradeaus, den der Wind, an den Seiten fliehend, vorantreibt. Ihr Innenraum ausgerichtet auf dieses saugende Ziel des Voran, locker gestrafft alle inwendigen Bahnen im Zugraum des Kopfes, der sich nach vorn streckt, nicht ruhen, ablassen will; es ist nicht die Stirn, die Augen wollen nichts sehen, es sind die Nüstern. Aber noch zu viel rauscht an den Augen vorbei; der Fahrtwind ist gut und treibt an; aber zuviel Signale von seitwärts, und die noch kommen werden, hinter ihr sich ballen zu Gerüchtewolken flüsternder Zeichen, die sich zurückziehen könnten in flimmernde Flunkerei, wo es sich gemütlich machen läßt und locker rumtreiben, verlierend Fahrflug des Ritts nach vorn. Da läßt Pferd Persephone sich im Galloppieren flugs Scheuklappen schießen, daß kein Auge mehr angehalten wird und innehalten muß, sich besinnen auf Außenwelt. Könnte so traben und galoppieren im Innenraum der Augen auf immer, getragen wunderbar von Bewegung, die nichts will als voran und sich in sich selber vollkommen mitnehmen, darum auf sicheren Vieren. Scheint ihr endloser unendlicher Ritt, glückliche Göttin; auf Demeters Erde und Gras, umgeben von Wind und Sonne des Olymp; und da vorn, das Nachvorn das mit mir aus mir Heraus und nach vorn in unsterblicher Seligkeit. Sieht nichts, hört nichts, wenn doch, an den Scheuklappen vorbei gleich in den Innenraum und mitgenommen. Hört nur mit dem inneren Ohr einen Lockruf. Der klingt vielartig. Erreicht ihr Ohr manchmal ein Vogelton, eine Flöte, ein Meckern. Aber es muß etwas anderes sein. Etwas Unerhörtes. Darum ja ist

es lockend. Daß es kein Signal ist. Nichts Artikuliertes. Auch kein Wabern. Ein Ruf. Nur für Persephone erkennbar als Ruf. Man weiß darüber nichts und fragt auch nichts. Klingt so, als hätte einer gesagt: "Wenn es Zeit ist, werde ich euch rufen.“ Mit diesem Ton, auf den man immer gewartet hat.
Filmt P. aber mit innerem Auge Pferd Pan ohne Scheuklappen reitend. Alles heraussehend und ziehend aus der Landschaft des Außen in einen Innenraum, im Zickzack galoppierend, der will sich fetzen an der Welt, nicht unbeschadet hindurchkommen, rasen voran dennoch. Und die schwarz geballte Muskelmasse arbeitet mit dem hinein ausersehen Gerafften, explodiert fortwährend im Voranreiten, kommt ins Rasen, streckt alle Viere von sich, rappelt sich wieder auf, jagt auf einen Gipfel, um noch mehr Welt zu erkennen, rennt im Kreis, bockt, weil einer anfeuert, dreht sich auf der Stelle, tritt ab ganz langsam ins Abseits. Kein Circuspferd. Aber hat Leuten Circus vorgespielt, geht hinter die Pferdebühne, schläft ein mit offenen Augen. Bemerkt P., daß man sich im Publikum geneckt gefühlt hatte von einem Necken aus Pans Innenraum, kann sein. Kennt aber niemand Pans Innenraum, so sehr auch Persephone aus eigenem Innenraum den des Pan zu begreifen sucht und malt und filmt... – Zum Glück sehr kriminell unproduktiv auf einem Arm.
Trocknet aber die Landschaft Pans in der dürren Hitze P.'s eingebildeter Bilder aus, werden aggressiv die geflügelten Tiere. Müssen Pferde, voranreitend, den Kopf scheu zusammen und an den Körper pressen, damit nicht stürzen Krallen schnatternder Dohlen und Rüssel vipriger Insekten in ihre Haut. Sammelt sich Kettendemonstration schrillernder schwarzer Unheilsvögel wie zum Angriff vor Persephones Weg; trabt sie unschlüssig, aber gefaßt voran; schwirren dann doch die kreischenden Dohlen im

Schwarm davon. Trabt weiter, hält inne,will den Ort der Unheilsverkündung nicht betreten. Kehrt um.

Gefährliche Gegend hier, findet P. Fährt in Gefahren. Reizt reizend und wartet.

VI

Krähen die Dohlen der Unheilsverkündung: "Nämlich Ihr inneres Auge leidet an Grauem Star, und Ihre sogenannten Innenräume erscheinen als verschwommenes Gewölle.“ "Hätten Sie eine fotographische Brille vor Ihre durchaus funktionierenden Sehorgane gesetzt, dann würden Sie nicht so triefend in Wolken reiten und uns Übelkeit ersparen.“
Schluckt P., weil ihr da ebenfalls was hochkommt. Aber Krähen mit Krallen soll man nicht widersprechen. Ist ihnen sowieso aus dem Weg gegangen. Aber daß die nun noch hinterherfliegen! Müssen eben auch unbedingt das Ihre loswerden. Läßt kein Tier das andere in Ruh.

16. Kapitel

Pan artikulierend in Aktion. – Trillerpfeife, naiv, mit Surround

I

Skizziert P. Pan noch einmal im östlichen Orient, vereinnahmt, aber nicht eingeklemmt den Bocksfuß im brüchigen Fundament und darauf federnd, bis von innen ausgeleiert, seit der Kasten mit Guckloch weg ist, sondern hüpfend, springend von einem Ort zum andern, auf Podien was anstellen. Gestikuliert mit Fingern und Zunge und Blicken etwas schief Gerades, in sich miteinander Tanzendes, das aus dem Bocksfuß kommt und Bocksfüße bei Herden und Schlachtvieh aufspüren, zum Tanzen bringen möchte.
"Wo ist Ihr Konzept?" tadeln Prüfer und Inspekteure für den Hirtenmeisterbrief. – "Selbermachen, selbermachen, es kann sich nur immer alles zusammen selber machen", widerspricht Pan. "Fälschlich glauben Sie, eine Herde vor sich zu sehen. Aber der Bock steckt in jedem. Ich war nie Hirte, höchstens ein Weider. Hütet euch vor Hirten!" – "Aber gerade bei Ihnen und Ihresgleichen bemerken und bedauern wir ja immer das Missionarische", kontert die Enquete. "Sie nehmen die Welt nicht, wie sie ist, sondern wollen den Leuten was vormachen, den Weg zeigen. Sie wissen, wohin das führt."
Pan tanzt auf seinem einen Fuß auf der Stelle und beschwichtigt: "So schlechte Noten möchte ich nicht kriegen. Jeder stellt sich selber dar und möchte andere so spielen sehen, wie es ihm gefällt. Sie scheinen einen anderen Geschmack zu haben. Es lebe der Pluralismus der Geschmäcker. Ich versuche auch nicht, daß alle bei mir auf den Geschmack kommen – das wäre dann wieder die Ein-

heitssoße. Aber damit niemandem der Appetit verdorben wird, muß auch jeder Magen was kosten können und sein Futter wert sein. Wege kann und will ich nicht dirigieren, aber ich bemerke und bedauere durchaus im weniger pluralistischen als plutokratischen Labyrinth einige Leibwächter mit Wegweisern für Auslese von Zuchttieren, die probieren und verspeisen vom Feinsten, um immer edler zu werden. Das Schlachtvieh ohne Leibwächter darf dafür die Karren aus dem Dreck ziehen, putzen, beladen und lauern, daß was abfällt; weiter südlich krepieren." – "Wären Ihnen lauter Mastschweine mehr nach dem Geschmack?" witzelt ein Prüfer gequält, "Ihr Auftritt, wenn er auch Laune hat, reißt mich nicht vom Hocker. Nur simple alte Kamellen, längst gehört. Wenn Sie schon wie ein fliegender Teppich von Ort zu Ort Fuß fassen wollen, dann müßten Sie doch mal was ganz Neues auf die Matte legen! So kriegen Sie nichts hinter sich und schlechte Noten."

Sprach's, gab's müde lächelnd weiter: "Dieser Möchtegernhirte Pan ist kein interessanter Könner. Auch kein gefährlicher Bock. Sammelt Nährwert für den Gott in blökenden Schafen. Wacher Aufgewecktheit unseres Tierbestands gilt sein Futter längst als abgedroschen."

II

Persephone und der herbeieilenden Artemis gefällt, daß Pan sich hier versucht zu artikulieren, und recht verständlich vernünftig. Als Einzelgänger anscheinend ganze Herden als einzelne sieht, hinsieht, nicht in sich hineinsieht – vielleicht doch, und sie darum wie sich selber sieht. Sehr humane Variante von Pan, findet Persephone, und kann sich selber wiederfinden. Artemis meint: Bißchen als

ob er spinnt und sich zuviel zutraut. Verläßt sich auf die Gutartigkeit von seinesgleichen. Da bin ich gewarnt. Eine Jägerin, selbst in der lichten Burg von Lux, ahnt hinter jedem Hügel den Bären, im Dickicht den Fuchs und daß die Meute ins Toben kommen könnte. – Du trägst das Schießeisen, faßt Persephone zusammen, "Pan die Flöte." Nach einer Weile schweigender Überlegung der beiden will Artemis das als Witz begreifen und daß sie die Waffe zur Verteidigung brauche. Eben, Pan sei gefährdet, stimmt Persephone zu. "Sehr sogar", ergänzt Artemis, "Wenn er wirklicher Pan ist, sehr, und wenn er es bleiben will. Soll er besser wieder ins Abseits springen, allein. Ich geh nicht als schützende Göttin mit Flinte für eine meckernde getriebene Herde mit wilden Böcken darin." – Ja, was draus werden solle. – Das sei Pans Problem.
Persephone denkt wieder an die verdammte Moira. Daß experimentierende Mikrobiologen die weniger leugnen als alles durchschauende Analytiker. Pan überall als der springende Punkt an zwei unsichtbar sich kreuzenden Geraden. Kein dritter Weg. Labyrinth von Geraden, die sich kreuzen, und heraushüpfende Punkte. Etwas unruhig – ganz nett: wie man's nimmt, wo man steckt. Irgendwo ein dunkler Klumpen. Was das? Sieht nicht so gut aus. Wenn das man nicht Maske Moira ist.

III

Entdeckt P. in der Landschaft Pans ein Bild von in spitzen Schwüngen hochschlagenden Grünsträngen, so dunkelfettgrün dickblättrig hinter dürrem gelben Stroh, daß hier der Urwald beginnen muß, nicht etwa sattgetrunkene Maispflanzen nach Regentagen, davor gestochen vertrocknete Gerste, sondern in diesem Bild beginnt das Ufer

des Urwalds, wie für jenen über jeder französischen Realität verzauberten Maler der Urwald begann, in dessen berstendem Grün er eine nackte schwarze Göttin malte, welcher Maler den gleichen Namen trug wie einiges früher ein anderer Franzose, der malte in seiner Philosophie sehr unaufgeklärt die Rückkehr der Natur, des Natürlichen. Aber der Urwaldmaler fand auch vorm ersten großen Krieg der Europa ein Schlachtenbild, da tanzt und reitet die Kriegerin munter und lustig wie ein Kind, und ist aber unheimlich mit schwarzen fliegenden Haaren und schwarz brennenden Augen in rosigem Kindergesicht. Dies Bild einiges vor dem Krieg; vor dem Krieg der Maler gestorben; er sah es, sah es so.
Kann P. aus der Metropole der Plutokratie nicht stark hochgeschossenen Mais sehen, ohne Urwald zu denken, nicht Urwald denken, ohne Henri Rousseau zu sehen, nicht ein naives Schlachtenbild im Auge haben, ohne Mars mit Aphrodite zu erkennen. Aber als Persephone spürt sie das Unheimliche der Tiefe, in der sich alles trifft.
Sind Bilder nur Augenaufschläge der Tiefe, in die klettern allein die Wahnsinnigen und die Todessüchtigen. Die Wachen aber schreckt der dunkle Fleck, der sich hinter dem Getümmel der kreuzenden Geraden mit springenden Punkten für Zukünftiges zusammenzubrauen scheint und dann hineinreißen wird wieder in die Tiefe vergangenen Grauens. Dazwischen die Bilder, die Bilder; Landschaft der Götter.

IV

Speist sich der Motor der artikulierenden Pansmaschine immerfort aus sich selbst, federt, springt, schwingt sich von Ort zu Ort, kriegt keine Energie von außen zugeführt, setzt kein Getriebe außer dem eigenen in Bewegung und bietet dem Publikum nichts als ein faszinierendes Spektakel. Ein munteres Kasperl sei das, aber auch ein pfiffiges, wohl ein schlitzohriges, spiele mal so und mal so, spiele doppelt. Frauen scheinen manchmal besondere Pupille für seinen Charme zu haben, andere beäugen die Pupillen der solchermaßen, welchermaßen Charmierten; in seinen schiefen Grimassen der Bocksprünge bietet er doch entgöttert zu Menschlichen den Saft der Augenweide. Wie er hüpft, tanzt, blinzelt, betörend flötet, witzigfrech bockt – dieser Automat von einem neuen, sich ständig erneuernden Pan ist uns sehenswert! Was Kindliches hat er, oder mehr etwas Verschlagenes; was Unschuldiges, um so Raffinierteres. Aufpassen, wie lange er es treibt, was er noch anstellt. Angesteckt sind wir nicht, ist ja doch ne Art Clown. Aber wie lange der das durchhält, wo er um sich rum so gar nichts in Fahrt bringt und keine Energie zurückkriegt, das wenige, von seinem Spannungsfeld Angezogene, auch zusehends herausbröckelt, nichts Neues hinzukommt. Will der den Leerlauf nicht wahrhaben; spielt verschlagen – oder blind – den Naiven. Einmal muß der Motor bei ihm verbraucht sein. Aber er wird uns schon langweilig, bevor er auf der Matte nichts mehr zu bieten hat. Immer dasselbe, immer nochmal. Tritt ab! Vorhang!

Nimmt Persephone das Bild des unablässig arbeitenden Motors wahr. Den Augenaufschlag des Moments zwischen Endlosigkeit des Vergangenen, Untergegangenen und dem Unabsehbaren der Zukunft. Für den Olymp das Zeitlose der in sich selber arbeitenden Automatik! Setzt nichts in Gang; wird nicht in Gang gesetzt. Und geht und geht. Es geht immer.

V

Wird Flöten und Pfeifen von springenden Punkten, wenn nicht gebeten fürs Publikum zum Konzert, als störender Auftritt empfunden, und gelten Trillerpfeifen für versammelte Solisten eines Gipfels als Angriff, der eingekesselt und zerschlagen werden muß. Brechen Knochen, Flöten, Hirne zusammen, tanzt der Knüppel. Auf dieses Schauspiel gieren die bocksverhinderten Einzelmöchtegerntäter der großen, überall verstreuten Herden; wären gern Massenherde, aus der es massenhaft wie einer Riesenmaschine zuschlägt, auf Trillerndes, Pfeifendes, Springendes, das nicht ihren Quasselbrei matscht und arschmarschiert. Kann man nur hoffen, daß einiges gerade bleibt und verläuft, sich kreuzt, Punkte nicht untergehen. Wenn die Welt von P. abstrakt gesehen werden soll, ist der Punkt für immer gerettet. Aber die Knochen, die brechen; das Fleischerne, das blutet. Bilder naiv gemalter Unheilsprophezeihungen haben die Augen der Knochenhacker, Zerfleischer nicht erreicht; warum nicht, darum nicht. Malt P. diese unerreichten Augen als die brauende dunkle dumpfe Masse im Hintergrund, in der Moira stecken konnte. Sofern in diesen nichts unterscheidenden Augen der Blick auf die breite Brust eines Leitbullen magisch angezogen wird, der sich breit umbrustet, ihre Schwapperherzchen, und niederprescht Barrieren sich kreuzender Geraden. Als Haufe, Herde mit jedem Einzeltäter bei ihnen niederprescht. Jedem seinen Knüppel! Endlich der Urfraß. Menschenfleisch. Diese entarteten Bockamenschen. Was ein Fraß für uns kleine Nager, Wiederkäuer, die nicht mehr fletschen müssen ins Leere. Nur Kauwerkzeuge bleiben zeitlebens vollautomatisch, was da sonst zappelt, ist künstlich aufgezogen, Apparatschiks, Drahtzieher. Wir sind Natur und national. Wir sind die Bestim-

mung an sich. Fleisch der Herde, Gras der Weide, wie es leibt und lebt und frißt. Nach uns wächst kein Gras mehr. Wir sind es selber. Wenn wir aus Bestimmung bestimmen. Wir werden den Böcken die Flötentöne beibringen.
Müßte P. malen zig malmende Mäuler, wie jeder in seiner Art etwas anderes malmt mit gleicher Begierde. Da würde die Hand lahm und zittrig vor Zuviel; zuviel Übelkeit. Will auch nicht hören die Fürze, vom Zermalmten aus solchen Ärschen kommend, zum besten gegeben als Platzkonzert. Fotographiert nur eine Trillerpfeife, unbeschädigt liegengeblieben in Spuren zerschlagener Demonstration, und montiert Hintergrund blicklos malmender Augen, denen ist bei allem Trillern und Zerschmettern das blanke Flötenbein heil entgangen. Liegt im Bild still da. Zieht bewegliche Augen auf sich.
Sofern diese im Hinblicken ruhig den Ton ahnen, auf ihn warten wollen. Meist bewegliche Augen rotierend hierhin, dorthin ins Allerleibeliebige. Malt P. noch ein einsames Auge dazu, ihres, Persephones. Das ist mit in sich gekehrtem Blick einzig auf die einsame Flöte gerichtet. Gelassene Details einer konzentrierten Dualität vor flacher Mischmaschmaulerei der Undeutlichkeit.

VI

Derart vom Bock besessene Trillerpfeifen, samt unablässig federnden Panstrompeten, deren Artikulationen sich mit viel exakteren Modulationen durch die Tonleitern tremolieren, als ich es nachzeichne, weil mir die Kontrapunkte mit Kadenzen zum einen Ohr rein, zum anderen raus skandieren und mir das Ganze nur als ein Stakkato nachvibriert..., derartiges samtundsonders allesinallem kann mir dann auch gestohlen bleiben, nörgelt P., macht mich nichts als müde, ist vergeben vergeblich. Persephone will Land sehen, grünes Land, Grasland. Wo das hier Skizzierte nichts darstellt, nicht da ist, als vergeblich vergessen. Legt Pan seine rhetorische Rolle im östlichen Orient ab. Kehrt zurück in Zwischenräume, Ungesagtes. Werden dich kennen nur die, die es hören zwischen den Tönen. Aber nach diesem Auftrittscircus auf Tournee muß Pan in seiner Land schaft erst einen langen Urschlaf halten. Von Mittag zu Mittag zu Mittag. Pan schläft. Das Wetter ist schön. Hört man nur kleine Singvögel in der Stille der Mittags zwitschern. Will Persephone hören sonst nichts, von nichts was.

Alle blinzelnd in sich gekehrten Bacchantinnen und Satyrn im Schlosse des Faunus haben gar keinen östlich tanzenden Pan automatischen Takts und keine liegengebliebenen Trillerpfeifen durch die Pressalien geistern sehen und reden, wenn sie reden, von Tagen in den Tag hinein, was der oder jenem zu Tage tritt – sieh mal, der kräftige Klee! Nicht Tonleitern ins Nirgends, wo das ist, was leider kommt. Worte Tag für Tag. Manchmal blinzelnd. Meist in sich gekehrt schweigend, als Worte. Worte für die Worte. Tage für die Worte. Gesprochene Bilder. Nichts zu sehen; wie das Vogelgezwitscher unsichtbar bleibt. Persephone hört es gelb über Schwarzem. Sind dann keine Worte mehr. Hört ein auf schwarzem Grund in Streifen zerspritzendes gelbes Zwitschern. Hören kann man Bilder. Sehen den Ton der Vogelkehle wie die Pansflöte. Alles Schöne findet sich leicht und ist einunddasselbe. Gelbes Zerspritzen auf Schwarz wunderschön.
Pan, wenn er am dritten Mittag aufwacht, wird sehr traurig sein. Mit der uralten Angst, es ist alles wüster Film. Wo einer springt und lacht das Schreckensmeckern. Pause. Dann Schnitt, der Film läuft unaufhörlich weiter. Pan ist sehr, sehr traurig und verschwunden.

17. Kapitel

Suchbild, schwarz

I

Pan schläft. Will vom ersten bis zum dritten Mittag schlafen. Dann darf man ihn nicht wecken. Niemand soll einen Ton von sich geben und sich nicht rühren. Ein jeder bleibe eingeschlossen in seiner Kammer, damit Pan Ruhe hat und schlafen kann. Sonst wenn er gestört wird und aufwacht, wird Pan so böse, daß er zuschlägt.
Aber P. in Pans Landschaft, die doch so mit dem vergeblich agierenden Pan trauert, hat auch nicht immer alle seine geheimen Regeln im Kopf, tritt nächsten Tag aus der Tür und stößt Glücksschrei aus über Schale Kirschen, die lockend davorsteht. Muß Pan ärgerlich hochgefahren sein im Schlaf. P. merkt nichts, schnabuliert munter Kirschen, und dann kracht es im Gebiß, fällt Stück Zahn raus. Nicht sehr göttlich findet sie das und verkriecht sich. Pan kann ganz beruhigt wieder schlafen. Aber als Persephone der heilen wachsenden Natur will sie, bereits mit linkem Gipsarm und gestochenem linken Wespenfuß, nicht auch noch mit halbem linken Backenzahn rumlaufen, dann lieber mit einer Krone. Indessen versucht Pan, seine vernichtende Trauer wegzuschlafen. Und Persephone muß andauernd was an ihrem Körper reparieren lassen und schnallt schon den Gürtel drei Löcher enger; dies jedoch zu ihrem heimlichen Vergnügen. Woraus man schließen könnte, daß sich bei einer Göttin alle Unfälle eventuell zur Schönheitsoperation entpuppen.
Jedoch eine seltsame Invalidität schillert im Schlosse des Faunus, die nicht nur Knochengerüste knackt, sondern die Bilder von Gestalten in verschiedenartigem Schein bricht, Nachrichten nicht an den Plätzen finden läßt, wo

sie hingehören müßten, genau das ausbleiben läßt, mit dem sicher gerechnet; stattdessen trudelt, strudelt, strandet ständig Instabiles heran, und P. kann nicht unterscheiden, ist das alles etwa auch ein Spiel von Pan in seiner Landschaft, eine seltsame Lebendigkeit ohne Prinzipien, an denen Persephone sich im Grund gerne festhält, oder ist das nichts als eine ängstliche Unsicherheit im Raum, weil Pan schläft, und man ihn in Ruhe ausschlafen und wieder zu sich kommen lassen muß.

Vielleicht braucht auch niemand dieses Gespinst von Pan. Die Eulen haben sich verkrochen und fürchten die schnatternden zänkischen Dohlen, die das Land erobert haben und heranschießen könnten, stoßen in die Augen. Pan ist im tiefen Schlaf seiner drei Mittage von der Bildfläche in den Untergrund gesunken, und die Eulen sind ihm stillschweigend dahin gefolgt, magisch magnetisiert. Seitdem das Land dunkel von Dohlen und hustenden Wolken, die Laubkronen naß zerzausen, niederreißen wollen. In solch nördlicher Gegend hatte Pan, wie er so ist, auch mal für einen Tanz Bescheid gesagt. Übel haben sie ihm mitgespielt, und da kann Persephone nun noch so vorsichtig ihre Knochen vor beschwingter Fraktur und dem harten Kern von verführerischen Kirschen hüten, um ihn in seinem Tiefschlaf der Regeneration ja nicht vorzeitig zu wecken – am gleichen Ort wacht der sowieso nicht wieder auf. Also im Untergrund dessen, auf dem wir stehen oder hinfallen, vielleicht schon ziemlich dicht am Mittelpunkt der Erde, womöglich sogar irgendwo auf der anderen Seite wieder raus. Suchbild. Sich auf die Suche machen. Neugierig sein, wo Persephone ihn wieder entdecken mag. Aber die weiß ganz genau, das sind so die Fasern der Angeregtheitsnerven von Betrachtern beim Untersuchen von Bildern, denen sie auch ja nicht gegen den Strich gehen will. Jedoch ob Pan, und wo, auftauchen mag, wird sich auch für Persephone bei aller Suche nur zeigen, wenn es ihm grad beliebt. So folgt sie aus den Bildern vom Schlosse des Faunus in der Landschaft, wo Pan erschien, der Fährte. Ganz unbeobachtet, heimlich, in der Dunkelheit. Mit einer besonderen Brille, die die größte Scharfsicht erlaubt. Nur geschulte Kluge werden raten können, um welche Brille es sich handelt. (Noch nicht so Erfahrenen wird empfohlen, wenigstens bei den spannenden Momenten ihrer wachen Tage die Augen offen zu halten.)

II

Aber die Lesebrille taugt nicht nur fürs Studium von Büchern und Atlanten. Vor allem in sich hineinsehen muß Persephone, um das Bild von Pan wieder und neu zu sehen. War ja doch etwas reichlich Vergnügen und Ringelpietz und Amore um sie herum im Schlosse des Faunus, daß Nymphen wie Luftgondeln blähend aufschweben und dann niedersinken, ihr Glück ausbluten. Erstaunt, erschrocken und leicht amüsiert betrachtet P. die lebenden Bilder vergänglicher Fleischlichkeit. Das sind nicht meine Bilder. Zwar sind sie anrührend für meine atmende Haut, für die Zärtlichkeit meines Blicks, mit der ich das bröcklich Überbliebene eines Eierschalenhalbrunds fotographiere, nach der Ausspeisung der weichglatten Frucht stehengelassen in einem Eierbecher, auf dessen rundem Rand Fliegen über die Schalensplitter des abgetrennten früheren Obersegments krabbeln; lebendiges Bild des Irdischen. Meine Sehnsucht ist jedoch das Ei an sich, das Oval als solches, das sich nicht wie die Kugel in sich selbst auf seinen Mittelpunkt konzentriert, sondern nach beiden Enden etwas ausneigt, weder spitz noch auslaufend, abgerundet, aber im Bogen zugewendet. Abstrakt wie das rufende Schweigen der Eulen auf der einen Seite davon, und die stumme Frage des meist für sich selbst stehenden Glieds des Pan oder des ägyptischen Nim auf anderer Seite des Erdballs. Dazwischen das Ei als Schlüssel; Notenschlüssel für ein dunkles Klagen auf immer, das nichts anderes will, als dunkel immer klagen, Unendlichkeit will, dunkel klagend und bleibend im Zerrissenen als ein Oval für sich, Tiefe des Flügelbogens von Eulennacht. Gegenüber die süße Flöte des Lichts nach der Höhe des Mittags; aber Pans Instrument schmelzender Sehnsucht angeeignet von Syrinx, die ihm beim Zugriff die innige weibliche Stimme ließ und für sich selber starres Schilf werden mußte. Wird Pan immer einsam und trauernd locken damit, dann ein verzweifeltes Bockslachen liefern. Was ist von Pan zu erhoffen, daß Persephone grad ihn als Genossen sucht? Genossen gegen Pluto und Mars, als die schlimmsten der Sippschaft? Scheint er doch der Einzige, grad durch Beerbung von Syrinx; nicht nur von selber in Trab kommt, auch auf Trab bringen kann. Manchmal manche. Wielange? Dann Schlaf, Trauer, kein Ton. Rhythmus einer empfindlichen Musik ohne Synthesizer und Programm. Wartet Müdigkeit, ob Schlaf kommt, ob ein nur geahnt Hörbares sich sammelt zum Crescendo. Wartet Persephone, ob das eine oder das andere, käme es, ihr den Traum von einer Welt bauen könnte, in der es gut wäre zu leben. Und muß in dieser Zeit des Wartens mit jener besonderen Brille in den Büchern und sich selber lesen, um einen solchen Traum vor Augen zu kriegen, mit der inneren Hand zeichnen und malen zu können.

III

Trostlosigkeit expandierender Steppen, wo die Straßen aus Armut nicht gebaut oder in Stand gehalten werden können, um die Ernte und das alte Lebenswerte aus fruchtbaren Landflächen des schwarzen Kontinents, darin Wälder noch nicht vermöbelt oder bar für Nutzen verplant und Regen das Land eßbar macht, diese Ernte in verstädternde Städte zu transportieren, auf Straßen, fährt nichts mehr, traben manchmal Kamelkarawanen und schlagen mit Hufen noch mehr Löcher in den Asphalt, zerkrachen modernste Superschwertanks den Rest, oder es gibt erst gar keine Straßen, lohnt nicht. Blinkt aber Küste des Elfenbeins mit enorm vielen und guten Straßen, da können sich internationale Rallyes so gekonnt transportieren, daß selbst schöne, stolze Aphrodite gern im Wagen Platz nimmt, denn eine Rallye ist stets ihr Traum, und hier ist sie Spitze. Allerdings Cola trinkt sie da nicht zum zweiten Mal im Hotel, die kostete nämlich das Zehnfache als gewohnt, und die medizinische Versorgung soll knapp sein, hat sie gehört, ein Arzt auf fünfhunderttausend Neger. Dabei ist doch der reiche alte Staatspräsident von Haus aus selbst mal Arzt gewesen und hat in Europa studiert. Was der sich reinzieht! Immerhin hat er sein Land aus den Kriegen rausgehalten, die hier grassieren; bei Elend wird Krieg fett. Aber sieh mal, die Negerinnen, die Mütter, wie sie mit ihren Kindern vor den Hütten sitzen, die sehen so glücklich aus, beneidenswert, sowas kann man sich in einer Metropole der Plutokratie gar nicht vorstellen!

Naja, Aphrodite hat Persephone sowieso seit deren Verzauberung durch die faszinierenden Waffen des Mars hinter sich; aber auf ihrer Fährte in den Untergrund und auf der anderen Seite wieder raus, fällt ihr die hübsche Naivi-

tät der Aphrodite, die so gern Gefallen und überall das Liebe finden möchte, wieder ein. Pan kriegt sicherlich bei solchen Bildmomenten das Kotzen und nicht die Spur einen Ton raus.
Aber wo und für wen überhaupt soll er in Afrika flöten oder denen in Europa was trommeln. Etwa zu Fußmarsch von Millionen Schwarzer Richtung Norden und übers Mittelmeer und dann die Europa erschlagen und schlachten, weil sie ihr Füllhorn vom Stier, seit Konstruktionen von Staaten und Grenzen weiter östlich zerbrachen, nun zuversichtlicher dorthin ausgibt als in den eigentlich viel zu schwarzen, fremden Subkontinent? "Füllhorn" sei Eigenlob? Füllten sich's selber dreifach zurück? Endlich anständig bezahlen beispielsweise für Kaffee? Den man ja sehr zu schätzen weiß, aber bitte zu gewohnt erschwinglichen Kosten. Und die da wollen oder sollen lieber wieder die eigene Hirse und ihr übriges Unkraut kauen? Statt in den Städten wenigstens, wo die sowieso mit dem Straßentransport nicht klarkommen, unsere feinen Überschüsse an gebildeter Kost nachgeschmissen zu kriegen, natürlich nicht so billig wie ihr gewohntes Futter, aber die verhungern ja sonst sämtlich wie schon ganze Menge von ihnen. Da kann man nicht noch Ansprüche stellen, wie was organisiert werden soll, nämlich von Organisation verstehen die sowieso nichts.
Hatte ein weiser schwarzer Präsident im Osten des Kontinents lange bewiesen, daß Schwarze sehr praktisch, viel natürlich effizienter organisieren können das Ihre, als dieselben nicht mehr die Kolonisierten waren. Damals dort vor kurzem mochte Pan mal Laune gehabt haben, aufzutauchen, zum Tänzchen zu blasen oder aufzuscheuchen, daß einer merkt, hier muß ich was verbockt haben, denn Pan ist in Kleinigkeiten gern pragmatisch. Ändern sich die Zeiten nach dem weisen Präsidenten, nach dem Zusam-

menfall des großen Blocks im Osten der Europa, dessen Polarität zur Plutokratie dem Schwarzkontinent und einigen Schwarzpräsidenten nach zwei Seiten Spielraum ließ, um endlich zu sich zu kommen aus den Jahrhunderten der weißen Kolonialität. Nun muß doch wohl die Plutokratie das gelungenst Gelingenste werden, auch für uns hier, schwarz. Also versuchen wir's mit weißen Wegweisern des Geldes, mit westlichnördlichen Wegen, nehmen wir doch die Europa als Vorbild. Oder sollen wir sie hassen? Marschieren lassen zur Invasion der Millionen? Die marschieren womöglich von ganz allein.
Pan hält sich raus. Interessiert ihn nicht. Eins so unpraktisch und unspielbar wie das andere. Kann man zur Zeit nicht als einzelner und aus Spaß spielen, wo der eine aufhorchen, der andere weghören mag ohne Zwang. Zwar Schreck machen und Spott und auch Gewalt; dann Trauer leiden. Aber nicht Rache des Massenmords von den Elenden des Südens an den wenigstens Satten, oft Unersättlichen des Nordens; darauf will Pan nicht kommen und zum Marsch die Trommel schlagen. Oder die Schwarzen fesseln in die moderne Sklaverei der Plutokratie, wie sie viele ihrer Bürger die Ketten von Obrigkeit und Anpassung und Stress und Dümmlichkeit bei allem Reichtum in ihren nördliche Herrschaftsgebieten nicht vergessen – und doch nicht erkennen läßt? Da gehen Pan die Bockshörner hoch vor Widerwillen und Langeweile, und dafür, nur dafür liebt ihn Persephone von ganzer Seele im ewigen Olymp.

IV

Persephone sucht sich glücklich zu malen bei der Fährtensuche nach Pan, hindurch und wieder da sein in seiner Einbildung. Dunkel gelassen sein Bild.

Wo ist er denn?, fragt das mühsam herbeigesuchte Publikum. Wir sehen nichts! Wo sind die Details, die konkreten Aufnahmen, wir erleben nichts bei Ihnen.
Was soll ich diesen Zuschauern auch immer bieten, verachtet sie P. Setzt euch doch auch mal die besondere Brille auf, seht in Bücher hinein, macht euch ein Bild. Da wollen die gebildet sein, aber eine Bebilderung muß ihnen erst in die Augen springen, damit ihnen überhaupt mal die schwarze Profikunstbrille ein Licht aufgehen läßt.
Sowieso macht sich jeder von jedem und allem sein eigenes Bild, wie er es gelernt oder geschwänzt hat. Sieht alles anders aus, weiß niemand wie es aussieht. Die Maler lügen. Die Musiker lügen auch. Ich lüge, wenn ich behaupte, das seinen Bilder mit Ton gewesen. Und wenn Sie jetzt widersprechen, um zu widersprechen, dann habe ich sogar geschickt gelogen.

V

Ich sehe und male es, wie es mir gefällt. Viele schwarze Kinder, immer mehr, die Aphrodite mit Recht bei ihren Müttern glücklich nennt. Liebevoll geduldig erzogen, daß die Kinder die Eltern immer lieben werden und im Alter ernähren – sofern die Kinder nicht bei einem einzigen Arzt auf Fünfhundertausend und keine Nahrung und Krieg schwarzen Kindertod sterben müssen. Brauchen die Menschen ihre schwarzen Kinder fürs Alter. Die weißen Eltern ihre weißen Kinder höchstens als Rentenbeitragszahler. Die weißen Eltern mit den weißen Kindern werden zu sehr komplizierten Zeichnungen der Schärfe und Hintergründe, vor denen die meisten Betrachter abwehrend ausrufen: "Wir erkennen uns nicht wieder, so sind wir nicht!“, nur einige schweigend ihre eigene Angst in der Angst der

Bilder merken, der man nicht ins Gesicht sehen will. Diese wenigen, wenigstens Angstvollen in der Plutokratie bedauert Persephone, aber wurde nicht wie sie hier geboren, hat die Ängste weißer Kinder vor weißen Eltern hinter sich gelassen. Eher doch als Tochter der Demeter, der Erdgöttin, verwandt mit Kinderliebe der Schwarzen. Sterben wie die Fliegen alle paar Sekunden. Darum kann sie die schwarzen Kinder nicht malen. Pressen sich um ihren Kopf im Raum Millionen von Kindergerippen bis über einen unendlich schwarzen Horizont hinaus. Ein Blitz von einem grellen Schrei sieht sich brennen.

Persephone mit geschlossenen Augen. Pan betäubt. Dann wieder ein lachendes schwarzes Kind und küßt seine Mutter. Große graue Schädel von Persephone und Pan ohne Kontur. Da fährt durch. Ist es Wind? Keine Augen, keine Ohren, kein Mund. Hohle Schädel von Persephone und Pan, da fährt durch, im Raum darum pressen sich unzählbar die Kindergerippe, sind lebendig noch grad am Sterben, sind grad noch lachend küssend.

Endlich ein großes schwarzes, fleischlich lebendiges Gesicht allein im Raum, ähnlich dem in sich selber arbeitenden schwarzen Pferdeleib. Schwarzes Gesicht. Gelb dahinter, Steppe, Sonne, Schrei. Rundum darüberhinaus plötzlich heiß schwarz Espresso, fresh schwarz Cola, blitz schwarz Cadillac, cool schwarz Pistole, Blues silber Saxophon von Jazz; alle schwarzweiblich gestyled. Rund um ein groß schwarz Hengstgesicht vor verschwindend Gelb, kaum noch gelb.

18. Kapitel

Nacht mit Schwarzpan in Musik. – Gemälde für Arcadia nova

I

Süß, fetzig, schrill, weichdunkel, hartwarm aus Trichter von Saxophon mit Zeug Schlag, sandigen Saiten im Dunklen, so dunkel, da sieht sich Musik. Sieht Persephone schwarzen Pan, schwarzes Gesicht aus Fleisch, Felleib, gänzlich gehalten von schwarzem Phallus. Mach nicht unendlich die süße, fetzige, dunkle, warme Musik, geht mir in alle Trichter meines Körpers, strömt sie hinein, fließt es naß heraus, kann mich nicht in mir behalten, mach es zu, stopf es hart, mach ein Schloß mit deinem Ding in mich, oder mach Schluß mit Musik. Du kommst näher, was riechst du nach Erde und Kot und Schweiß, schwarzes Pferd. Laß mich anfassen dein Fell, o ist gut streichen darüber, da spielen Muskeln sehr sanft gespannt, und du starrst mich so an? Du hast es weiß in den Augen. Du stehst etwas hart vor mir. Vielleicht kannst du besser wieder Musik machen, ich bin in mir und zerfließe nicht. Will auch nicht fassen nach dir, du stehst da ziemlich dunkel hart vor mir so nah, sitze gut, aber du könntest weiter abrücken, an deine Trichter, Zeug, Saiten für Musik in mich rein um mich rum... Was lachst du denn so? Nämlich ich sitze gern allein in Musik, Krone des Schweigens schwimmend in Musik. Nun bist du noch dichter, an mir, was für Lippen, willst du blasen, lachen? Sag was. – Hat unruhigen beweglichen Mund, göttliches Mädchen, rote runde Fanglippen, huscht die Zunge zwischen Zähnchen, erkunden, lecken, zungzungeln, bißchen beißen, ganz zangsangsungkusseln. – Küßt mich ein schwarz Gott, so panplangnageant, umnimmt mich, weg vom Sitz, mit sich

mit mich, fallen fallieren in Kissen, liegen lügen in Kissen, dicken Decken, deckt mich der auf, nimmt raus mich aus... ach mein Kleid, mein Hemdchen, mein BH, nur das nicht, nein der Slip... Nackt ist gut bei dem. Glatte weiße Haut an dunklem Fell, nackte nasse Kußlippenzungen, o du hast weiße Zähne und Weiß im Auge, schwarz warm dein Fell, mich nackt glatt wälzen in deinem erst haarigzottigen, immer weicheren Fell, beginne ich wieder naß zu fließen, immer zerfließender von den Griffen deiner Finger, Hände, Schenkel, Muskeln unter der schwarzen Musik deines Fells, was Raum um mich wird, in dem ich schwimme. – Wie sie weich tasten und zupfen, umspannen läßt, wie sie gleitend mir aufschließt Welle für Welle in ihrem feuchten Dschungelloch, und dann pressend, saugend mit klopfendem Blut in glitschiger Umhäutung mich hineinschlingt, ich immer weiter, tiefer muß, will, kann mitten in Ihres, zentral, den Kern, die Eier, ojoi, stoße auf weiches unendliches Ende, nichts mehr nicht weiter vollüberfüllt gespannt gerieben getrieben geladen gelandet fleischendend – oouuah eejeejoh uuooäh hachhachachochuo hö hö hem. Hat sie ja auch bißchen geschrien. Gurgelpieps in piano. Gegluckst. Weinglucks.
– Deine Lippen, Mundfleisch, Gaumen, Züngelchen mir mehr als Wein, sanfter, pikanter, sanftissimo Genusso, pikanto Prickusso, Marmala, Marmala, mia mara miranda Marmala, maa, meen Mädchen, machst du nochmal?
– Pan, o Mann, was ein Mann, was bist du ein Mann, so ein Mann, Mannomann, das war... – Mannmann, machs nochmal, machs noch einmal, Pan – ich heiße Persephone.
– Macht nichts. Wir machens nochmal.
Und sprechen nicht mit Worten zueinander mehr. Verstehen sich, wie eins das andere berührt in Bewegung bringt von selbst wer ist unten wer reitet, ringeln in eins

umeinander im Raum obenunten vertauschbar weiß man nichts von Schwerkraft nur Bauchanbauch in eins liegen sitzen umdrehend auf nieder sind wir Gliederkugel aus zwei Hälften stumm im Echo der Dinge fern dem Gequassel Gebrassel derer, die noch wo landen wollen, was für sich suchen, Umstände machen, mir dir uns sonst ständig in den Ohren liegen, ist verrauscht, versackt, bleicht uns unser Horchen auf Schweigen von dir, Pan, wenn dein Glied spricht, Schweigen von dir, Persephone, wenn dein Ei als solches eins mit Pan ist. Diese Ruhe, Pan, mit der mein Kopf bei dir zum Garten Eden wird. Marmala, da war Bocksstoß mit Fahrtsog, Geschlecht an sich. Schweigender Klang Persephone, meine Glieder leicht im Schoß von Eleusis.

– Brauchst du mich noch? – Ich habe dich immer, wenn ich dich will, du bist Erfindung meiner Einbildung. Brauchst du mich noch? – Schwarzpan braucht alles. Dich habe ich gehabt. Muß springen nach da und nach dort. – Dann mach Musik. – Blues von Panbrüdern in USA, Belgiersaxophon, Jazz überall von U bis E. Alles meins. Nicht Folklore, nicht Négritude. Blase ich, daß ächzt und schreit, stirbt in Liebe. Trauersüß, triezend in Weh. Absinkend in Baß von Gram, stop. Stumm stehen. War da was? Alles eins, garaus, hat mal piep gemacht, ist weg, macht nichts. Würde man's gern manchmal noch einmal hören. Als ob es piep macht. Dann tut es nur so. Oder läßt es bleiben. Vergißt man's auch.

Ist Pan weit weg von Persephone, stellt sie seinen Ton vor, ist verlaufen, läßt sie's. Mußte das denn nun sein? Kennt sie jetzt Pan? Ist seitdem ihr Interesse gestillt? Was soll sie noch mit ihm anfangen? Hat ihn ja mächtig gesucht bislang, etwa dafür. Wollte vielleicht nurmal so eine Stelle auf die Schnelle mit ihm entwerfen, geht doch nichts über einen fiktiven Bums mit einem Neger. Und danach? Das fragen sich zeitlebens alle Vernünftigen, wenn ein gelungener Moment hops ist. Aber die glücklich scheinen wollenden Göttinnen und Götter lassen sich gelassen als Statuen verewigen und keine Katerstimmung merken. Sind damit beschäftigt, Wind und Regen und deren tückischen Ingredienzen in den Zeiten der Zeit zu widerstehen.

II

Miteinander endlos zu Ende geliebt. Was geht noch? Sind nicht steinerne Statuen geworden, ist danach der Mund wieder zum Essen da, in den Ohren das sehnliche Singsang und Brabbelröhren lästiger Steinzeithornbullen, das muß man mit spitzem Mund göttlich niederbrüllen, muß mit den Händen aufs neue was tun, versucht mit den Beinen zu laufen, alles sehr mechanisch, ist die Mitte verloren, steht, hängt, rundet sich das, was Mitte, verloren, fremd, sinnlos, nicht nochmal damit wiederum, endlos zu Ende, aber als Fremdes, Anderes immer noch da, mitten sehr fern, eine Ferne, in die man nicht folgen kann, dem anderen Geschlecht ist man gefolgt, zog, sog an, dem eigenen unmöglich, das hat gehabt, braucht nichts, nun für sich selbst, wunschlos allein, zu nichts mehr vonnöten - wie vorher, wie vorher, bei Kore, bei Pan, aber nun weiß es. Daß es sinnlos einsam als das Fruchtbare an sich mit sich selbst, Ei, Glied, immer da sein muß. Kronzeugen all der fortwährenden Vögeleien im Himmel und auf Erden, sie wissend, verratend, nicht schuldig sprechend entehrend, geht alles weiter, beinah wie vordem, Unschuld verloren, fremdes Geschlecht nun. Müssen sich trennen Persephone und Pan. Malen, komponieren in geschlossenen Räumen Selbstportraits von Welt. Soll Persephone Pan sehen mit

Verachtung, muß Pan Persephone-Marmala hören in Gleichgültigkeit, sonst werden sie sterblich und können nicht bilden für uns die olympischen Statuen. Ist aber ein Leiden der Götter als ewig junge Statuen lebendig zu sein in Wind und Regen, spielen, von der versteinerten Mitte her, am ganzen Körper Stein, mit jungem Gesicht und Ton aus Frühlingskehle. Lieben sie doch noch was. Was? Lächeln, stumm. Sehen sich nicht an, sehen uns nicht an, nicht in sich hinein. Da. Mit Lächeln. Einsam, fremd, brauchen nichts, halten aus. Scheinen zwar Stein. Bewegen sich, lächeln. Sind Einsamkeit. Na und? Finden die schön; macht schön. Persephone und Pan aber von hier aus auf der anderen Seite der Kugel im Schwarzen. Sieht man durch die Kugel hindurch gläsern, dann hängen sie daran mit nach unten bammelnden Köpfen.

III

Unter afrikanischer Sonne verstädtert, versupert, vergoldet sich die ehemalige nördliche Landschaft Pans, und im Schlosse des Faunus werden Nymphen und Satyrn fernsehgerecht konserviert, seriell ausgestrahlt, streifchengenau archiviert. Fühlt sich Pluto bald wie zu Hause, hat nach Pans Verschwinden rasch anektiert. Wo bleibt, wo malt Persephone? Von Pan abgerückt, erstmal jeder sich allein lassen, nach Afrika gehört sie nicht, hat sich schon viel zu viel Sonne von da und Nachgeschmack mitgebracht, also in der neuen Kolonie von Pluto im Schlosse des Faunus zusehn, wie sie zu Geld kommt und Bilder verkauft, denn Künstler wie schwarze Eingeborene müssen den Lebensbedarf anschaffen wie jeder andere auch und zaubern nur, wenn sie arbeiten; höchstselten wenn sie einkaufen gehen. Haben wir ja schon mit den Augen der

Chamäleons vom "Kollaps der Plutokratie" gelesen und daß Geld bald nichts mehr bedeutet. Unterdessen dringt diese vom Norden in den Süden und in die letzten heimlichen Landschaften der Europa. Soll Persephone dort untergehende mystische Reize fotographieren oder die smarte kommende Vorstandsmoderne, erhöhte Führungskabine im Mittelpunkt des superneuen, supermodernen, überdimensionalen Supermarktfrachters, der ein Supersortiment zum Abgewöhnen an Bord hat, und da hoch oben in der Kabine mimt so ein armer Beobachtungsposten als Vorstandsattrappe Gelassenheit, denn er wird ja von jedem, der grad hinguckt, gesehen, er aber muß alles sehen, wahrscheinlich vor allem die versteckt unten laufenden Kameras in der Kabine, ob da einer etwa, prüft aber auch oben durch das Glas mit nervösen, Ungehöriges suchenden Blicken, daß alles jedes hingehört, gehört. Hört man anfangs einige Preise sich sehr zurückhaltend kleinmachen, das könnte eine Warnung sein, die werden bald hochschnellen und auf Fang gehen. Dürfte das einzig Spannende werden auf der Fahrt. Denn müde laufen sich die Passagiere in Geraden an sauberen Reihen vorbei, packen gelangweilt ein und aus und ein und dann in die Autos, angemessener Superparkplatz direkt vorm Supermarkteingang. Ereilt dörfliche Fußgänger das Schicksal von Metropolenfußgängern: Such einen Fußpfad zwischen lauter parkenden, anfahrenden, bremsenden Autos! Sei auch für diesen Komfort einer von dir verlangten kleinen Eigeninitiative in der Supermodernisierung dankbar. Sie haben an dich gedacht, daß du es schaffst und wie froh du bist, wenn du heil aus dem Terrain wieder draußen bist. Besitzt eben Persephone keinen Hausstandspluto samt motorisiertem Zubehör, um adäquat Vorhöfe modernster, superster Kassenfrachter zu bedienen, wäre selber nie drauf gekommen, anders als auf leisen Sohlen zu kommen, und kommt Pan bei sowas nie vor, kommt sich zurückgeblieben vor, gerne in Afrika im Fruchtfleisch stekkengeblieben, oder in der Antike wie immer noch zum Anbeißen einbalsamiert oder irgendwo gestern Nacht von Lokal zu Lokal in einem erstaunten Lachen, in einem Glas Wein zuviel abgeblieben. Da ging es ihm gut, war ganz der Alte, irgendwo.

IV

Machen die ja auch alle Liebe, die motorisierten Superverfrachter und Oberposten, Rechenschieber, Vorstandshaie und Tiefseekrebse, nie aussterbenden Steinzeithornbullen. Muß im einzelnen was Anderes, anders sein als bei den Göttinnen und Göttern, den Satyrn und Nymphen, den Eingeborenen. Will P. nicht genauer belichten, nicht in die Einbildung holen, sieht ja die Ergebnisse: den Nachwuchs, und was die für Sachen erfinden, schön finden. Will die auch nicht sehen, hinsehen oder etwa einbilden, wartet lieber bei Nacht auf groß Blitz, Krach, Karacho, vom Düsterhimmel mit Regengußflatschen, daß Supersonne, Superdürredurst naß trinkensinken, sinnsinnieren singsimulieren können. War ja viel zu heiß, viel zu bombigbumsheiß, trank man Wein wie Wasser, weil es so heiß war, maltmachte bombige Bumsbonbons von zu viel Hitze, Dürre, nun wollen wir mit Karachoflatschen fließen ins Weichsanfte gestillt Stillere gemalt Sattsamere. Ist Persephone ja froh wie alle Eingeborenen, wenn man hört wieder Donner und nicht foppendes Lachen Pans, und fließt Regen von oben für alles von selber, muß sich nicht jeder für den anderen zu zweit sein eigenes Kleinwässerchen abpressen, was ja auch wiederum höchst echauffierend ausgeht, mal körpermeteorologisch gesehen. Platschringsinken Tropfenstrippen querfeldein, hügelabhügelauf, bachglucksend ziegeltriefend, womöglich bis zum Grundwasser und füllen es auf, leider oder lieber besser doch nicht auf der anderen Seite wieder raus, daß die südlich nicht ganz versteppen. Ist eben doch die Europa mit Vernunft, die auch ihren Regen brauchbar anlegen und nicht verschwenden will; haben wir ihn etwa nicht verdient?

V

Malt P. als Persephone ein riesig naives, farbtrunkenes Gemälde, wie schrägspitzes Gelbdürr, hartschroffes Graubraun und blaßtrockene Eierchen nach Feuchtem auf sie herunter, in sie hinein dürsten, rundum auf zerplant verfahrenem, aufgebohrt überfrachtetem, fast zerplatzend seine Hüllen zerreißenden Globus, Darüber das Brennglas einer scharfen, künstlich gemalten Sonne. Malt ein zweites Riesengemälde in der Folge, wie ein Wölkchen, ein kleines, weißes, aus einem Ohr quillt; hatte sich eine sanfte himmlische Drogue ins Ohr gesteckt bei Flöte und Saxophon auf dem Fest der Eleusischen Mysterien mit seiner Geliebten Persephone, quillt aus Pans Ohr kleines weißes Rauschwölkchen, wird ne Wolke, letztmögliche Wolke. Pan, entzückt von sich selber und verliebt in alles, was um ihn weichfleischig werden könnte, bläst Wind mit den Flötenlippen, erigiert große geballte Kraftwolken aus dem Ohr, Pan treibt und stößt Gewitter und Sturm und Regengüsse rund um den Globus, daß Erde werde, fruchtbare Erde, sattbraun, die das dürrgelb Schießende grünschlingen weich, Früchte saftfarbig macht und blaßtrocken Krümeleier wachsend aufgehen, befruchten läßt. Dringt ganze phallische feuchte Kraft aus Pan; darum war ich

durch alle Zeiten der Einsame mit den beliebigen Nymphvögeleien, mit dem süßen Sehnsuchtsflötenton, mit dem Schrecksbockszweifellachen, weil ich die Erde zu lieben begehrte in unerschöpflichem Drang, mit unendlicher Befriedigung.
Malt Persephone sich selber nicht. Braucht sich nicht auf diesen Bildern, fühlt sich geliebt und weiß doch, es ist Wunschbild; so wahr wie Wunschbild begründeter Sehnsucht. Liebt sie Pan, daß er die Erde, die Farben, Fruchtbarkeit retten will. So sieht, so malt sie ihn, Boden von zu gewinnendem Irdischen neu für neues Arkadien.

19. Kapitel

Wiedergefundene Alswie-Kunst. – Die Kuh, die brüllt, gemalt

I

Hat Persephone ja bemerkt, daß in der Landschaft Pans, irgendwo nordwestlich in diesem winzigen Deutschland, wo sie Pan gesucht und so mitreißend getroffen hatte angeblich – gern ihm zu folgen ins alte Griechenland, ins sehr wechselhaft orientalisch irritierende Östliche und bis in den schwarzen Untergrund auf anderer Seite des Balls, da Liebesballette zu illuminieren, einunddasselbe lichte kleine Feuer des Blicks genügt bis zu einem neuen Arkadien –, hat sie ja, wie wir bereits erfahren haben, dennoch bemerkt, mit der ganz normalen, der Weltbrille, daß auch in dieser Landschaft die Plutokratie Fortschritte macht mittels einigem an sogenannter Modernisierung; und den phantasierten "Kollaps" kann sie nur eventuell als ein Naturereignis ahnen – am Anfang war das Chaos. Jedoch glücklich in der Liebe mit Pan, wagt sie zwar selber irdisch nur kleine Schritte, hütet ihre Knöchelchen; aber der große Trümmerbruch des Globus – Pan, wir pinseln und pfeifen uns einen! Wir sind mal hier, mal da, manchmal in der Mitte sogar; aber die eigene Mitte, die ich nur von mir und du nur von dir weißt und in der wir uns lieben, die ist bruchsicher in Ton und Blick.

Selten der Klang, die sanfte Helle Arkadiens in dieser Trümmerwelt; seit den Steinzeitgermanen, den Buffalo Bills, den wüsten Scheichs.

II

Laufen die Wege schmal zwischen Gärtelein, da blühen Zinnien standhaft violett auf trockenem Boden in dichtem Beet, leuchten an Hecken senkrecht seltene Rosen, sehr einzeln, hängen die Bohnen gebündelt gelb von den gedient verwelkenden, niederliegenden Stauden. Hört der Maurer das Höchste der von unten herauf fertig gebauten Hausmauer bis auf den Abstand zum Dachfirst zu vermauern auf, hält an den Schlaglärm, blickt vom oberen Giebel auf das Bild der violett versammelten Zinnienblüten, gelbgrünen Hängebündelmatten, zwischen trocken graubraunen Abständen, da wächst nichts mehr, noch nichts, wartet er, ob es wachsen wird, wie er zögert, die Mauer völlig fertig zu mauern, oder sieht in den fragen leeren Zwischenräumen vielleicht einzelne seltene Rosen, senkrechthoch, womöglich sieht er auch nur sommerliche Persephone vor Zinnien, Rosen, Bohnen sich mit ihnen sichtlich unterhalten und mauert darum nicht mehr. Das ist nicht mein Bier, findet Persephone bei letzterer Vermutung und wartet auf dem Weg, wo sie in einen trockenen Garten schaut mit lauter unreifen roten Äpfelchen über graubrauner Erde, kümmerlich Pflänzchen bemühend, die hängen so träge, sehen so dröge aus, auf ein Kind, das angelaufen kommt, ein munter stilles kleines Mädchen mit einem sattgelben Asternstrauß lose in der Hand, das läuft so erwartungsvoll auf Persephone zu, weil diese abwartend das trockene Apfelbäumchen und die frühreifen Äpfelchen auf der dürren graubraunen Erde betrachtet, wo Pflänzchen nach gar nichts aussehen. Und Persephone, als das Kind dicht an sie herangelaufen ist, deutet auf das spröde Gartenaquarell und sagt zu dem Mädchen wie zu einer munter stillen Komplizin: "Das sieht schön aus", woraufhin das Kind verständnisinnig nickt und langsam weise zustimmt mit dem Vogelkehlton: "Ja. Das sieht schön aus." Dann rennt sie erwartungsvoll weiter und möchte einem Menschen, den sie sehr liebt, ihre leuchtend satten Astern bringen, um ihn glücklich zu machen. Persephone aber trifft die sehr weißen, weißvollen Truthühner auf sehr schlanken Stelzen, die stelzen weißvoll an den Zaun und tragen zarte flache uralte Köpfe, helle Scheibe des Profils, etwas rötlich herunter, rötlich herauf, hauchweiße Scheibe, fast durchsichtig.

III

Aquarell fast wie in Holland, als wie vergessen, fast verloren, ist noch, könnte. Könnte still machen die Welt, das Rumoren. Ist Pans Stille des Mittags, in der Persephone malend liebend in Sicherheit ist, und bleit mir vom Leibe, denn ich bin in mir schlafend und, wenn ich tobe, mit Pan, still flötend mit dem süßen Geschmack von Hirn und Mund und Hand, laut brüllend und lachend, wenn ich mit Pan im Bauch loswettere auf Steinzeithornochsen, die Bullen spielen, auf Buffalo Bills, die Büffel nicht mehr jagen, sondern dressieren, auf die Scheichs der Oberplutos mit der Phalanx der wuchernden Goldsäcke am Phallus und dem wimmelnden Haremshühnerhof für jeder ihrer, als ob die Hölle brennt, spritzenden Zappelschwänzchen in strippendem Fulltimeschlaucheinsatz. Seid bloß aufgeblasen, blast euch auf, weil darunter gar nichts steckt, habt nichts innen im Bauch, worauf was wachsen kann, halt die Luft an, Luft ablassen, nun drück mal drauf. Siehstewohl, war innen hohl, nun ist er platt, könnte ne brauchbare Plattform werden. Wir treten nur nicht so fest, nur manche, nur manchmal, Persephone nie. Brüllt höchstens, lacht aus. Das machen malende Göttinnen, wenn Steinzeithornbullen sie anhimmeln wollen, aber nicht über den Schatten von ihrem aufgeblasenen Auswuchs springen können und dann noch in geistige Fettnäpfchen treten. Dann doch lieber Prinzen und Ritter mit dem Pfeil, dem göttlichen, irdisch tödlichen. Wär's ein Drachentöter, da wäre sie gern die Dame. Fühlen sich die Prinzchen und Ritterlein bis heute zu schwach und versprechen nichts mehr. Höchstens daß sie auf der Galerie klagen, wie gern sie die geschundene Artistin vom Auftritt retten und wegführen würden – große Ratlosigkeit, was dann, wohin mit ihr; muß die Artistin also weiterhin, hoffentlich nicht bedingungslos, selber auftreten. Soviele Retterphantasien verhinderter Prinzen für angeblich bedrohte Märchenfeen, die singen mal leise, mal schriller, im Untergrund lauert sowieso der Abgrund der unaufhaltsam begründet gegründeten, aus den Untergangsphantasien eurer Köpfe kalt realisierten und das Ausschlagen probenden Todesmaschinerie – also bitte: Läßt sich der Prinz gern noch was vorsingen, breitet, bereitet sich auf Hades vor, aber das breit gewichtig auf Podien vor falls fällig Fallerlei faselnden Fans – hasch mich, ich bin der Frühling, gähnt Persephone, was mähren die sich zusammen, Pan hat wenigstens Ton vom geklauten Gesang der Syrinx, die starres Schilf werden mußte, ihr Möchtegernprinzen lernt erstmal Ton. Hört es singen, hört zu, laßt sie singen. Singen für euch, falls recht teuer. Singen umsonst für Kinder, lieber Mädchen, und allein mit dem Blühenden, den weißvollen Truthühnern, deren schmalen, fast durchsichtigen Kopfscheiben. Allein mit Vogelsingen in der Stille.

IV

Außer Pan nur Einen nie verachtet. Den zeugte kein poetisch beflügelter Götterbote mit weitgreifendem Wanderstab auf ein Viertelstündchen mit gutgelaunter Nymphe, die dann beim behaarten Anblick des Babies den haarigen Ärger kriegte. Der kam auf die Welt und war nicht von dieser Welt, liebte sie erstaunlicherweise dennoch. Sitzt die von der mehr oder weniger heiligen Schrift berührte, recht vornehm gekleidete junge Frau auf einer Bank mit intelligent verklärt geschnitzten Tierköpfen, die scheinen lebendig, darunter ist sich die schwarze Hauskatze peinlich, steif in sich gekehrt. Blickt die gebildete Maria von ihrer Feierlektüre hoch; denn um den Haushalt hat sie sich vorher gekümmert, wie man an der Aufgeräumtheit der entzückend einladenden Stube erkennt, wo alles passend possierlich am Platz, aber durchschienen von grossem Licht von außen hinterm Fenster; blickt hoch still und intelligent auf den lichten hohen Engel vor ihr mit seinem schlendrigen Versprechensband, den hat sie nicht eingeladen, der kam unangemeldet, will ne Botschaft überbringen, immer will einer was von mir, möchte Maria zögern, dabei bin ich verlobt, aber wie ich weiß, ist es geweissagt, vorausgesagt, da kann man nichts machen, immerhin: Vom heiligen Geist ein Kind, ich mit meinen alles andere als tierischen Tieren im Zimmer, das dürfte manches ersparen, machen wir's erstmal sorum, so machen wir das. Und zeigt dazu intelligent verklärtes Gesicht. Nach der Niederkunft schaut sie dann doch etwas unfroh mitgenommen glasig aus, kniet zwar höflich nieder vor dem Feuerchen ausblinkenden Winzling am Boden, aber hält sich ziemlich zurückhaltend in Distanz mit langen steifen Beinen, die sind ihr länger geworden, hält die Hände zum Gebet genagelt vor das ausgebeutete Schlupfloch und macht nicht

Miene, das Liebkind zu streicheln und zu stillen. Großer Abstand. Ohne weiche zärtliche Berührung mußte ich Mutterfleisch hergeben, und nun werde ich bald die leidend leere alte Frau sein neben dem wilden Auflauf der Kreuztragung, mich bückend unterm Kreuz, unbeachtete Passive in seiner triumphalen Passion; und danach werden die Fans ihren ganzen Verehrungskitsch mit mir anstellen, mich zum schmalen Kelch oder einem gesunden Bottich stilisieren, immer zum Gefäß. Beinah hat jene aparte weltliche Dame, neben dem weltlichen Turm von oben, sehr direkt und doch ohne Versprechen herabblickend und einigen Raum um ihren Kopf freihaltend, das bessere Los gezogen. Auf wen blickt sie herab? Nicht hochmütig auf den, der das Kreuz trägt, läßt ihn gehen, läßt es gehen, wie es geht, mischt sich nicht unters gehässig befriedigte Volk, Aber ist ihr nicht entgangen, daß von denen oder eher neben denen auch einer ganz was anderes im Kopf hat als großes Getümmel, Massenauflauf, richtet ihn, ecce homo, armer Friedensfürst, wo das Volk zuviel kriegt und die Sau rausläßt; trompetet zwar recht geil pausbäckig auf einer Trompete, hat ihn angesteckt das Tohuwabohu der Fanatisierten; aber ist ihm gleichgültig der leidend alle sie lieben und erlösen wollende Sonderling, der nicht ganz richtig im Kopf sein muß. Das Reich dieses Trompeters ist sehr von dieser Welt, denn er blinzelt trompetend zielgenau in die Augen jener aparten, Raum um den Kopf freimachenden, zurückblickenden, aber Aussichten undeutlich lassenden, weltlichen Dame von oben neben dem weltlichen Turm. Wird die auf ihn warten? So von oben? Und ist hier von unten, was verkündige ich ihr denn? Freches Trompetenlied mit goldener Fahne und darauf der große schwarze Skorpion des Verrats, der Treulosigkeit, der Falschheit. Ich verdiene mein Geld hier, indem ich denen bei ihrem albernen

Spektakel was blase, dafür kann ich dir, aparte Dame, was springen lassen! Vergnügen, Spaß, die Nüsse der Welt. Du wirst auch nicht grad das Himmelreich sein am Ende. Ich bin selber nichts weiter als ein armer Trompeter. Bei den Griechen noch, da hätte ich vielleicht Chancen gehabt, kleinen merkwürdigen Bocksgott zu spielen. Bei diesem frommen Leichenzug soll ich auf das Publikum böse und schäbig wirken, so gar nicht heilig, allerdings schön frech.

Ob die aparte Dame oben neben dem weltlichen Turm dem augenplinkernden frechen Trompeter Gehör schenken wird, will P., den beinah berühmten alten Altar in der katholischen Kirche der Landschaft Pans betrachtend, nicht entscheiden: In Frauen blickt man nicht hinein. Ob der Meister sich beim Malen Ähnliches gedacht haben könnte wie P. bei ihren Erkundungen, die ja nicht nur die fremden, eher die eigenen Bilder belichten, überläßt sie lieber den verdutzten Kunsthistorikern, die ihren geschätzten Altar hier sicherlich überinterpretiert sehen; lieber, passender indessen läßt sie diese Beurteilung der Entscheidung jeder einzelnen Frau, die jemals von P.'s weltlicher Ästhetik erfahren und im Schlosse des Faunus mit dem Altar in Pans Landschaft nähere Bekanntschaft schließen sollte. Am liebsten der Macky, die ich so nennen möchte, mit ihrem feuerroten Lockenhaupt und roten Lippen, oder noch schräger Meckey nennen könnte, gleichzeitig hitzig und cool, Topfrau; sie wäre eine Amerikanerin aus dem Bilderbuch, wie P. sie in Comics und Filmchen immer imaginiert hat. Wer, woher sie ist? Womöglich ganz dröge und bieder nordwestlich deutsch, eher ne kleine liebe Micky. Macht ja nichts. Für P. als Bild ne Feuerfrau, schön cool. Da endlich, und nur in diesem Punkt, hat Persephone mit Faunus, dem Hausherrn des Schlosses in der Landschaft des Pan, den gleichen Geschmack.

V

"Aber Kore, Persephone, Freundin, warum malst du so gern wie bunt Bilder der Welt, die Männchen mit lüsternen Augen fixieren?" fragt keusche kämpfende Jägerin Artemis. "Und muß ich doch sagen: auch ich. Auch ich erjagte mir manchen Mann und halt' grad wieder einen am Zügel fest – pscht!, laß es ihn nicht hören."
"Recht hast du, Artemis, laß ihn dich nur tragen und chauffieren, plaisieren."
"Er fühlt sich frei mit Recht. Ich dirigiere ihn nicht. – Aber weißt du", schämt sich und bittet Artemis, "hast du nicht auch etwas den lieben Bruder Jesus so als Sohn ein bißchen lächerlich gemacht?! Du immer mit deiner Verknalltheit in diesen gräßlichen Pan, den du sonst wenigstens in ziemliche Heroenrollen steckst, aber nun, so ein dreckiger kleiner Trompeter?"
"Der ist ne recht dreiste, selbstbewußte Figur!" behauptet Persephone. Beinah schon, als wollt er zum Bauernkrieg blasen gegen die falschen Katholiken und dann die noch erbärmlicheren Protestanten um den fetten Rechthaber von Wittenberg. Ist selber ein Protestierer gegen verkündeten Reichtum,den er nicht mit Händen greifen kann und für den sein Hirn nicht ausreicht bis zum Himmel."
Artemis seufzt: "Jetzt könnt ich Mitleid mit ihm kriegen. Ich werde noch katholisch."
Blinzeln sie sich an, unterdrücken das Lachen. als Göttinnen konspirieren sie nämlich im Besonderen ein bißchen für jede und im Ganzen eher gegen jede Religion. Aber innerhalb der einen oder anderen, allen Religionen, beide geborene Protestantinnen. Protestieren mit Wut im Bauch, jede für sich, wo sie sind. Wenn sie hinterher einander davon berichten, müssen sie über die Genugtuung, die sie da-

bei empfanden, und den Witz sichtbarer Ineffektivität zusammen Tränen lachen.

VI

Denn scheint doch, der Protest sei zu sehr maskulin vereinnahmt und ausgegeben worden seit jeher, mit der ganzen rasselnden Rhetorik der am liebsten doch fürs Eigene schwänzelnden aufgeblasenen Steifschwänze. Schweigt Pan. Und macht etwas. Schweigen die Göttinnen; sind. Oder singen. Oder wenn gestochen im Eigensten, brüllen! Das seiende Schweigen, das süße Singen, die brüllende Explosion, alles Protest gegen eingebildet zur Schau gestellte und die Ohren ansägende Scheinpotenz von Schwanzpotentaten mit Kraft in den Muskeln und Brei im Kopf.
Malt Persephone den Protest als weibliches Selbstportrait. Einen Kuhkopf; stark, lang, dunkel. Beinah ein Pferdekopf; so lang und eher schmal, wie mit rosa Nüstern. Hat aber schon soviel Pferdeköpfe und Innenräume von Pferden gemalt und gefilmt als schöne Bilder weiblich geträumter Mannsmöglichkeiten – nun ist ne Kuh dran! Kopf der Kuh, Innenraum an die Kontur getreten. Hat die Protestkuh nämlich einen schwarzen Phallus als Kopf. Mit dem kann sie stark im Bild sein. Sehr konzentriert und potent, gewaltiger Kopf ohne Körper, seitlich heraustretend aus der glänzend queren Unendlichkeit silberner Streifen, die ziehen plastische Wellen vor ihrem Schädel, heben ihn ab und tragen ihn. Das Auge außen scheint zu verschwimmen oder läßt Kluge in sie hineinsehen; manchmal, seitlich betrachtet, blinzelt es zu. Das andere Auge zur Mitte des Bildes gibt Durchblick auf den Hintergrund der Welt, mit der Konzentration des Durchblicks gesehen

als gerade silberne Streifen quer, wie es sein soll. So sieht nur ein potent weiblicher Kopf die Welt. Und schweigt. Hat nämlich vorher gebrüllt gegen die Welt, gegen die Bullen gebrüllt, die sie besteigen, ihr Bild übersteigen, sich tierisch steigern, zu göttlichen Weltenrichtern versteigen wollten. Mit dem Brunstschrei oder dem Hornstoß und immer mit niederdrückender Gewalt. Die die ganze Welt verhackstückt, weilsie Hackbrei sehen müssen, wenn sie Formen in der Welt erkennen; stoßen und spritzen den Hackbrei ihres Hirns auf die Welt. Aber klassische Form von intellektuellem weiblichen Potenzkopf will Persephone. Nennt das Bild schlicht "Lisa". Längere Zeit Bildern keine Namen gegeben. Lisa, die Kuh. Selbstportrait der Potenz weiblichen Protests, die schwarzen Phallus gelassen als Kopf trägt mit solchen Augen. Die sitzen ihr da, wo andere die Ohren tragen. Schaut mit den Ohren in sich hinein, hört Welt hindurchgehen.

VI

Und wäre doch schon, zu stehen einmal sehr schmal, sehr hoch, hell, fast durchsichtig als Frauenfigur aus dem Hintergrund in schwarzer, aber nicht starrer, abstrakter Landschaft, mit Distanz, aber mit Blick auf ein liegend, weich den Rücken rundendes, die Beine gelassen entgegenhaltendes Pferd, das dem irdischen Betrachter des Bildes den sich rundenden, Pferdeleib schützenden Rücken zuwendet, aber weich, offen, den ganzen, sonst verborgenen zarten Verlauf von Bauch und Brust zuwendet der zwar entferten, aber das Pferd anblickenden, vielleicht wartenden hellen Frauenfigur im Hintergrund schwärzlich abstrakter Landschaft. So ein liebevolles Paar. So ein vorbildliches Liebespaar. Werden sie sich finden auf der

Erde? Oder liegt ihr Land nicht auf diesem Globus? Nennt sie die Graphik "Das Pferd im Mond“. Denn Kunstwerke spielen immer ganz woanders.

20. Kapitel

Rückkehr in die Metropole. – Es lachen die Götter

I

Bleibt auf dem Globus, zum Globus verdonnert, für Göttin Persephone nur das Malen, malen fortwährend, filmen, belichten, in Dunkelkammern einschließen. Pan? Wo ist Pan?! – "Der große Pan ist tot.“ Wie schon Plutarch feststellte; trauernd. Persephone hat ihn gesucht, immer wieder gemalt, göttlichen Bums entworfen, der befruchten soll neues Arkadien. Hat es gedichtet, ermalt; aber die Vögel schweigen, alles schweigt, auch die Eulen schweigen – es ist Nacht, Nacht im Schlosse des Faunus, wo niemand singen, trinken, bumsen, nichts mehr fragen will. Denn es ist Leere. Tote Leere. Wissen alle Schweigenden, daß alles vergeblich war. Ist Pan tot. Kann man am Ende gar nicht trauern, weil es so leer blieb an dichteren Aussichten für Erde, von Göttern bewohnte Erde, überhaupt noch bewohnbare Erde. Kann niemand mehr trauern, weil selber leer. Hat sich alles zu Ende geliebt und gesoffen und übersättigt und verausgabt, leeren die Maler ihre Farbtöpfe zu Giftmüll, schmeißen die Dichter ihre Papiere ins Altpapier. Denn so ist das; braucht keiner eleusische Farben und Pansklänge in der Plutokratie auf dem Globus – – – und Arkadien? Ist das ein nettes Restaurant? Eine Kneipe, wo was los ist? Ein Top-Bumslokal?
Läßt Persephone die Hand sinken, hört Schweigen Pans, der weg ist, tot, nur in Einbildung lebendig, manchmal, bis auch in Einbildung tot.
Im Olymp mag Pan das alte Bockslachen genießen, Persephone immer aufs neue malen, entwerfen, einbilden endlos. Zurückkehrend in die Plutokratie, bereits in Pans

eingebildeter Landschaft und dann erst recht zurück in der Metropole – denn selbstverständlich muß sie dahin zurückkehren – wird sie höchstens Gespenster sehen. Sehr bedrohliche Gespenster, die neuerdings umgehen in Europa, keine anregenden, Lust machenden Gespenster mehr – wo wir wissen, Lust ist sehr vergänglich –, sondern ekelhafte, mörderische Gespenster, die stark schwarz braun wuchern mit Geschrei: nach Geld, nach Macht brüllen; Fremdartiges und Barrieren, Schranken von Ketten und Verkettungen niederbrüllen, aus Gier ihrer Kümmerschwänze mit schrillem Keifen niederbrüllen, ohne Kopf. In solch eine Plutokratie werden wir zurückkehren müssen; das haben Sie sich doch auch gedacht? Da können die Göttinnen und Götter nichts machen – vielleicht schlagen sie im Olymp kurz Krach mit Mars und Pluto; aber Pack schlägt sich, Pack verträgt sich; ist doch auch alles ein Pack, die Götter.
Persephone und Artemis haben die Schnauze ziemlich voll von ihrer Sippschaft. "Na, jagst du noch bei Krieg?" – "Na, malst du noch bei Faschismus?" Schweigen. Nicht Schweigen Pans. Machen sich auf. Verstecken, versuchen zu retten, andere, sich selber. Sowas wie vergebliche Liebesmüh. Hätten sie nie gedacht, daß so vergeblich die Liebe ist. Packen ein, packen sich ein, zu dem übrigen Pack des Olymp. Muß ein entsetzlicher Orkus sein; nicht gemacht für Göttinnen. Den haben die Mannsbomberboxerböckebumserbücklinge erfunden mit ihrem bombastischen Ausbüxen vor etwas ganz Anderem, Sinnlicherem, Zärtlicherem, das einfach blühen will und schön bei sich.
"Pan, du warst ein Irrtum", sagt Persephone, "ich habe dich nie geliebt."
Artemis zögert. Dann meint sie: "Ich habe die Jagd geliebt. Das Schützen von Tieren und Pflanzen vor mörde-

rischen Tieren und erstickendem Wuchs. Ich habe unter Menschen jagend für Gerechtigkeit gekämpft, und ich habe auch mir einen gerechten Mann erjagt, der in seinen Revieren kämpft. Dein Pan war mir immer suspekt, auch wenn ich an ihm einiges Gerechte finden konnte. – Jedoch schiebe diesen Orkus von Faschismus und Greueln und Krieg nicht nur Mannsbildern zu, um die Göttinnen zu retten. Es ist dein Schicksal als Kore des Blühens und Geraubte des Pluto von Anfang an. Frühling im Kopf. Pan im Kopf. Bilder. Nichts als Bilder. Ich als keusche kämpfende Artemis durfte von Beginn an irdisch jagen; und ich jagte dann eben auch."
Da blinzeln sie wieder und können göttlich lächeln. Im Orkus. Bei Krieg und Faschismus darüber lachender Götter. Lächeln die beiden einen Moment ihres Augenblicks für einander.

II

Athene will nicht so schwarz sehen; Göttin mit der Eule am Kopf. "Ihr seht Orkus. Weil ihr ihn im Kopf habt. Vom Mann verstanden habt. Fast selber Mannskopf." Athene möchte weiblich sehen, konstruieren, entdecken, aufdecken, karikieren; kühl verhalten, liebenswürdig, bescheiden, überlegen, streng. "Ich sehe auch das Schwarze; aber es verdunkelt mir nicht den Blick. Wo Licht ist, ist auch Schatten. Haltet die Düsternisse für Schatten! Macht es heller!" Da will Artemis gleich Feuer und Flamme werden für großen Lichtknall. Persephone sieht in dunkle Ecken und merkt, wie ihre Augen sich an die Dunkelheit gewöhnen, scheint immer heller zu werden, muß man nicht Licht machen, wird im Dunkeln so hell, drohen mörderische Gespenster, morden grausam gräßliche reale Ungeheuer, Schrei, Schmerz, Qual, Folterorkus ohne Ende, ist es so dunkel, daß hell erscheint, Höllenfeuer, um in der Hölle sehen zu können. So hatte Athene es aber nicht gemeint. Macht sich jede Göttin ihr eigenes Bild, selbst vom Orkus.

III

Moira grinst. Hat sie nicht alle beisammen und alles in der Hand. Fühlt sich höllisch wohl. Mit der ihr eigenen Bosheit und Schlauheit weiß sie, daß jeder und jede nur an sich denkt, sich selber retten will, da haut sie dann genau im gefährlichsten Moment jedem eins rein.
Natürlich weiß sie, daß alle Malerinnen und Musiker und Jägerinnen und Klugheitseulen sich ihre Arbeit und Ideen nur machen,um den eigenen Kopf zu retten und dann auch noch dafür bezahlt zu werden. Die Dichter lügen, wenn sie behaupten, es ginge ihnen um was anderes. Aber die Dichter lügen bekanntlich am schlimmsten und suchen nur immer irgendwie Unterhaltung. Imaginäre Unterhaltung. Denn den Mund aufmachen und mit Leuten reden, da langweilen sie sich ja noch mehr, als wenn sie allein sind; stillschweigende spöttische Selbsterkenntnis von Dichtern. Diejenigen, die reden und Reden halten, sind sowieso nur Schwätzer. Also entweder schwätzen oder schweigen, das eine oder das andere für den eigenen Kopf und das eigene Geld; zwei ganz verschiedene Sorten von Dichtern, aber im Interesse dann wieder einunddasselbe; das gleiche Pack. Nunja. Aber vergessen wir nicht, Persephone malt und filmt und was diese eingebildeten Bildenden Künstlerinnen eben so treiben – da muß Moira bei ihr in dem Moment zuschlagen, wo sie

nun wieder Bilder eins nach dem andern ausstellen und verkaufen will, höllische Bumsmontagen, Aquarelltes, historosophische Mikrototalen mit Klanguntermalung. Damit sie mal ins Geschäft kommt, denkt Persephone; wer am einen Geschmack findet, kriegt auch Appetit auf mehr; also eins nach dem andern; bitteschön, was darf's denn sein?
Da hält Moira grinsend den Atem an und sieht zu, wie Malerin P. als Persephone bei allen Galerien die Türen einrennt, auspackt, zeigt, redet dabei, als ob sie's bezahlt kriegt, sich um Höflichkeit und Artikulation bemüht, sich sehr viel mehr Arbeit macht und Zeit braucht beim Anbieten als jemals beim Produzieren – und nichts klappt. Klappert Moira mit dem Gebiß, klappen die Galeristen nach dem Durchblättern P.'s Mappen mit bedauernder Überlegenheit zu: "Packen Sie Ihre Bilder ein. Seien Sie froh, daß Sie auf diese Weise der Kunstkritik entgehen. Erzählen Sie ja niemand, Sie seien Persephone und hätten Pan getroffen. Von Pluto, Hades, Mars und Ihren übrigen Wahnvorstellungen ganz zu schweigen. – Sie machen sonst ja einen ganz manierlichen Eindruck, können einen Aschenbecher von einer Kaffeetasse unterscheiden, werden nicht ausfallend und tragen die Transportkosten. – Aber wir haben zu tun. Erwarten grad interessante Vorführungen." Der Bürostuhl, auf dem P. sitzt, dreht sich bei den Worten des Chefs automatisch mit der offenen Seite zur offenen Tür, und sie ist mit einem Satz und ihren Siebensachen draußen. Da fällt sie einem Biedermann mit Humor in die Arme im Matsch der Mattscheibe; der kriegt bei ihrem Anblick mit ihrem Bildgepäck ein herziges Grinsen in die Pausbacken und schaltet enstschieden um. Persephone weiß aber, daß Moira auch diesen Sattflimmerwanst und den beschäftigten Galeristen noch ganz schön reinlegen wird, sucht als

Malerin P. erstmal die Helligkeit ihres Dunkelkammerorkus, sieht unentwegt Bilder an den Wänden laufen. Läßt es laufen, wie's läuft, und verschwindet darin.

21. Kapitel

Kopfgalerie

Eine Galerie wird für Persephone, wenn ihr die Türen vor der Nase zugeschlagen und ihre Bilder an den Kopf geschmissen werden – überdrüssig, sich über derart dümmliche Handgreiflichkeiten noch zu entrüsten – für immer unendlich geöffnet, sobald sie Neigung empfindet und man ihr auf den sich kreuzenden Geraden den Punkt von Einsamkeit gestattet, darin auf ein Weilchen oder länger oder solange das Vergnügen selig macht, zu spazifizieren, in einer grün unendlich aus sich hinausufernden Galerie ohne Grenze des Raums. Das ist wohl das Gras als das Gras, soweit man blicken kann, und ist doch nicht Wiese auf Erde, betretbares Land für die Füße, ist nicht Arkadien für Leben und Liebe auf Generationen, die sich doch untereinander schlachten würden, sondern ist Blickgrün, Nervengrün, Wunschgrün; Grün keine Farbe, Grün Sehen an sich, darüber hinaus sehen, grünglücklich. Aber Persephone fliegt in dieser unendlich grünen Galerie nicht grünstichig; sie erblickt hier und dort darin große, klare und bunte Köpfe. Die Köpfe schweben, das heißt liegen, befinden sich einfach an ihrer Stelle im grünen Raum, jedes für sich, nicht einander zugeordnet, obwohl man gewiß im entlang Schreiten oder Fliegen an ihnen eventuell bestimmte besondere Anordnungen in den Entfernungen zueinander entdekken könnte vermutlich. Jedoch ein so einfaches Gemüt wie Persephones will in der Folge der Wahrnehmungen von großen, klaren, bunten Köpfen keine überlegenswerten Absichten erkennen, denn das Fliegen durchs Grün der bunten Kopfgalerie läßt eben durchaus nicht den eigenen Kopf zerbrechen. Stattdessen freut sich der Blick: Was ein satter, runder, rotbrauner Kopf, wie zufrieden! Welch ein hager kühner, rostroter Schädel mit stolzem Elan! Wie sprode, wie still, wei übersinnlich jenes bleichgelbe Gesicht des Hochmuts! Was für einen putzigen Charme von Liebenswürdigkeit und doch glasig Eisiges hat dieser kleine Türkiskopf von einem Gnom! Aber jene tiefe blaue Ruhe in der Geschliffenheit vom edlen Antlitz eines Juwels! Solch eine leidende Inbrunst in der braunschwarzen Wärme einer Gesichtslandschaft! Aber die blutrote zärtliche Kindlichkeit in jenem kleinen zierlichen Köpfchen. Sind manchmal Häupter, als wären sie älter, oder zierlich Kleinere, sind Köpfe eher weiblich oder eher männlich, aber unauffällig, mehr so andeutungsweise; eigentlich als Köpfe, um Kopf zu sein, jedes ein außerordentlich besonderer. Nicht bestimmte Götter, obwohl schon sehr göttlich. Wirken ausgearbeiteter als Menschenköpfe, obwohl durchaus menschlich. Kunstköpfe. Dies sowieso. Keine Leiber, Arme, Beine, nichts innen an Gedärm und was man so hat, nichts außen aus der Haut raus oder in die Haut rein, womit man macht seit dem Urschlamm die Forttierung. Gar nicht wie von den Tieren her diese Köpfe; eher wie von den Göttern her. Wobei die Götter ja nun auch ziemlich was Tierisches haben. An sich doch wohl Köpfe von Köpfen her. Kopfgeburten. Sehen aber lebendiger, herzlich durchbluteter aus als manch Wurf Ferkelähnliches. Ist ja auch ne Galerie; brauchen nicht gefüttert und gewärmt werden; nicht mal, daß in soner ewig frischen Grüngalerie die Putzfrau kommen muß.

Aber Persephones Vergnügen beim Durchwandeln ihrer unendlichen Galerie wird noch viel vergnüglicher, allerdings nun doch für die Blicke auch strapaziöser, unruhiger. Denn als sie genauer hinsieht und all ihren Köpfen

auch tief in die Augen blickt, entdeckt sie darin die Spiegelbilder der Welt. Zwar die Iris, die Pupillen sind bei allen eigen in sich, gefaßt, gelassen, ungetrübt. Aber auf den Netzhäuten der Augäpfel – da spiegelt sich so allerhand, und kraus und quer, steht Kopf, rastet aus, bricht zusammen, wehrt sich, kriegt was drauf, zappelt, rauf und runter, runter und rauf, und im Zeck, mehr so: Rette sich, wer kann.
Ist zwar keine Freude, sowas in anderer Augen zu sehen, und kann kein Vergnügen sein, das im Auge zu haben. Immerhin, spiegelt sich in der Netzhaut bei ungebrochenem Blick. Sieht Persephone das Grauen gespiegelt im weißen See der Netzhaut der Köpfe unendlicher Galerie. Will immer gehen in diese ihre Galerie, Köpfe finden, die möchten manche anschauen, oder vielleicht sind es nur wenige; alle, die im Kopf Ruhe wollen bei einsam ausgeprägten Gesichtern, deren farbige Züge von etwas sprechen, indem sie schweigen, und deren Blicke ruhen in Spiegelbildern der Welt auf der Netzhaut. Muß man nichts mehr suchen, nichts mehr fragen. Sind alle Bilder der Welt in den Augen der Köpfe unendlich, nicht zugeordnet an Plätzen, so oder so gespiegelt in Köpfen dieser und solcher Art, und kann nichts verloren gehen, solange die Köpfe reichen, oder die Kunstköpfe, oder die unendlich grüne Galerie, oder die Neugier innerer Augen, die alles gesehen haben, nichts mehr sehen wollen, nur noch Auge in Auge.

Ist noch etwas zu hören? Gibt es noch etwas zu sagen?

Schweigen. Stille. Dann zu merken schöner Klang von Dissonanzen, wie sehr fern zu Klang geworden. Aber vielleicht war es auch Lärm ganze nahe, und das Ohr weitab. Hatte in den nahen Dissonanzen den fernen

Klang gehört. Süßen Kehlton der Syrinx, im erstarrten Schilf irgendwo, hoch oben in den Bäumen, in archaischen Sagen grüner Galerie, was ein helles Ohr sichtlich hört. Ist im Kopf die Zeit nicht kraus und lang bei unterhaltenden Tonleitern. Wird das Gewölle dumpf brabbelnden Rumorens ein grüner Augenblick.

(Ende)

Notizen der Autorin

Auf folgende Werke lebender Bildender Künstler wird literarisch Bezug genommen:

Gerhard Richter
»18. Oktober 1977«, Gemäldezyklus, 1988

Astrid Eggert
»Lisa«, 1992

Astrid Eggert
»o.T.« [Scheuklappenpferd], 1992

Monika Günther
»Das Pferd im Mond«, Graphik, 1989

Ferner eine Anregung durch unbetitelte große grüne Gemälde von **Ute Heuer**, 1992

Auf folgende, kürzlich veröffentlichte Bücher wird literarisch Bezug genommen:

Robert Kurz
»Kollaps der Modernisierung«
Hrsg. Hans Magnus Enzensberger, Andere Bibliothek
Frankfurt am Main 1991
(Siehe vor allem den »Prospekt seines Projekts« von Robert Kurz am 07.09.1991 in der Frankfurter Rundschau)

Gregor Gysi
»Einspruch!«, Briefe, Reden
Hrsg. Hanno Harnisch und Hannelore Heider
Berlin 1992

Peter Grubbe
»Der Untergang der Dritten Welt / Der Krieg zwischen Nord und Süd hat begonnen«
Hamburg 1991

Reinhard Herbig
»Pan. Der griechische Bocksgott. Versuch einer Monographie«
Frankfurt am Main 1949

Hans Walter
»Pans Wiederkehr. Der Gott der grichischen Wildnis.«
München 1980

Inhaltsverzeichnis

axel dielmann — verlag
Kommanditgesellschaft in Frankfurt am Main
Oskar von Miller Straße 18
60314 Frankfurt am Main

REIHE **ETIKETT**